W0076006

Dahlke · Neumayr
Vom Essen, Trinken und Leben

Dr. med. Ruediger Dahlke, Arzt und Psychotherapeut, bekannt als Autor von Büchern wie „Krankheit als Symbol", „Depression – Wege aus der dunklen Nacht der Seele", „Krankheit als Sprache der Seele", „Lebenskrisen als Entwicklungschancen" „Krankheit als Weg" und „Richtig Essen". Sein Interesse gilt dem Aufbau einer ganzheitlichen Psychosomatik und einem Feld „ansteckender Gesundheit". Er leitet Ausbildungen für „Archetypische Medizin", Atem-, Fasten- und Bildertherapie sowie für Reinkarnationstherapie. Seit 1980 hält er Fasten- und Meditationsseminare, leitet Firmentrainings und hält Vorträge.

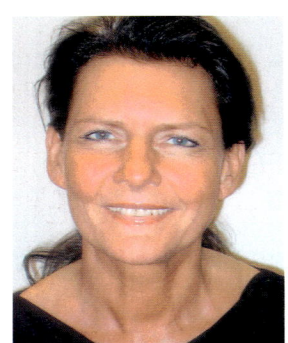

Dorothea Neumayr ist nicht von Beruf, sondern aus Berufung Köchin.

Neben Ihrer Tätigkeit als Beraterin für „Archetypische Medizin", als Bilder-, Wasser- und Atemtherapeutin (nach Dr. Dahlke) schreibt sie Beiträge für Bücher und Zeitschriften, organisiert Vorträge und Präsentationen. Außerdem leitet sie Seminare und Firmentrainings.

Wie kommt es, dass sie vom Gault Millau die Auszeichnung als dreifache Haubenköchin erhalten hat? Sie wurde empfohlen und für ihre Gabe, aus sinn- und gehaltvollen Lebensmitteln einfache und dennoch köstliche Speisen zuzubereiten, ausgezeichnet und ist damit eine von drei Privatpersonen in Österreich, denen diese Ehre zuteil wurde.

Dorothea Neumayr als intuitive Meisterköchin und Ruediger Dahlke als Spezialist für ansteckende Gesundheit sind das ideale Team, um dem Genuss ohne Reue und dem Essen für höhere Ziele ein Buch und – hoffentlich in der Zukunft – ein weites Feld zu schaffen.

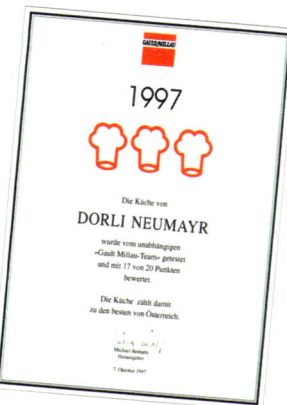

Ruediger Dahlke · Dorothea Neumayr

Vom Essen, Trinken und Leben

Mit allen Sinnen kochen: 89 Rezepte für besondere Momente

Essen für gute Stimmung

Essen und genussvoll abnehmen

Essen nach dem Fasten

Essen und Happy-Aging

HUBERTUS
johanna maier

Die Erkenntnis, dass gesundes Essen untrennbar mit Genuss verbunden sein muss, ist zu einem guten Teil den beiden Autoren Ruediger Dahlke und Dorothea Neumayr zu verdanken. Wenn sie als Antrieb zu ihrem Buch die „himmelweite Diskrepanz zwischen alternativer Gesundlebeszene und der feinen Küche" nennen, dann ist das genau der richtige Ansatz. Denn allzu lange wollten sich Menschen nur irgendwie mit Nahrungsmitteln „befüllen" lassen, ohne über die Zutaten ihrer Speisen noch annähernd Bescheid zu wissen.

Leicht muss ein Essen sein und die der jeweiligen Saison entsprechenden Aromen sollen förmlich im Mund explodieren. Genau aus diesem Grund habe ich meine Küche einmal so definiert: „Man soll sich nach einem guten Essen auch noch lieben können."

Dieses Buch ist der Versuch, den Kreis zu früheren Kulturen wieder zu schließen. Es erinnert an den kleinsten gemeinsamen Nenner von Arzt und Koch. Und der ist nun mal, für das leibliche Wohl des Menschen zu sorgen. Dass dieser kleinste gemeinsame Nenner endlich einmal genussvoll verbreitet wird, dazu kann dieses Buch erheblich beitragen.

Viel Spaß beim Blättern und Kosten, und nicht vergessen – „Widme Dich der Liebe und dem Kochen von ganzem Herzen"

Johanna Maier

Johanna Maier
Restaurant Johanna Maier Filzmoos

RELAIS &
CHATEAUX

RELAIS
GOURMANDS

Gault Millau
Köchin des Jahres

Trophée Gourmet
Kreative Küche

☆ ☆
Michelin

☆ ☆ ☆ ☆
Genießerhotel

☆ ☆ ☆ ☆ ☆
A la Carte

Die schönsten
Fischwasser Österreichs

Genießerhotel Hubertus · Johanna & Dietmar Maier · Am Dorfplatz 1 · 5532 Filzmoos · T: +43 (0) 6453 8204 · F: DW -6 · info@hotelhubertus.at · www.hotelhubertus.at

Die feine und die gesunde Küche

In all den Jahren der Beschäftigung mit gesundem Essen, Fasten und Gewichtsproblemen stieß mir die himmelweite Diskrepanz zwischen alternativer „Gesundlebeszene" und jener auf, die auf ästhetisch anspruchsvolles Essen im Sinne der feinen Küche Wert legt. Diesen Abgrund zu schließen, war mir immer ein persönliches Anliegen, zumal ich diese Kluft als inhaltlich überflüssig und unverständlich empfand und immer noch empfinde.

Anspruchsvoll und gesund essen

Wieso – habe ich mich oft gefragt – muss „gesundes Essen" so anspruchslos in Sack und Asche daherkommen, warum so wenig herausfordernd schmecken, als wären Gewürze und Kräuter verboten. Warum ist es mit so viel Ideologie beladen, um dann so wenig verlockend auszuschauen und zu schmecken. Viele „Gesundesser" halten sich für die besseren Menschen, und ihr Essen schmeckt, als wollten sie gleich für diese Arroganz büßen.

Warum ist es in den besten Hotels der Welt nicht möglich, eine Appetit anregende Mahlzeit aus Vollwertprodukten zu bekommen? Wie kann es sein, dass ich als Kursleiter eines 200-Teilnehmer-Seminars kein vegetarisches und den Gaumen ansprechendes Essen erhalte? Anfangs dachte ich, sie können es dort einfach nicht, bis ich merkte, sie wollen nicht einmal. Die Frage, die bleibt, ist, warum? Wenn schon solch ein Aufwand mit dem Essen getrieben wird, sind doch wohl auch erlesene und vollwertige Grundstoffe unabdingbar. Von Seminarhotels, die vom Sterne-Niveau deutlich darunter rangieren, weiß ich, dass es geht, wenn man nur will.

In den Jahren meiner Seminare dort, vor allem aber in der Seminar-Zusammenarbeit mit der Co-Autorin Dorothea Neumayr, habe ich erlebt, wie leicht und ideal beides zusammengeht – das feine und das schöne Essen mit einem gesunden Anspruch an hohe Qualität.

schmackhaft – zusammengehen. In Salzburg, bei der Präsentation des Ernährungsbuches „Richtig Essen", hatte ich das Vergnügen, Prof. Reinartz, den Chef aller Hauben, kennenzulernen. Neben der Freude über diesen Brückenschlag von der feinen zur gesunden Küche staunte ich, als ich beiläufig hörte, dass in seiner privaten Küche seit Langem vollwertige Bioprodukte das Feld beherrschen. Für Dorothea Neumayr war es immer selbstverständlich, vollwertige Produkte vom Biobauern zu nehmen. Diese eigentlich natürliche Partnerschaft zwischen gut und schön, vollwertig und hochwertig, gesund und schmackhaft wollen wir mit diesem neuen gemeinsamen Buch festigen und ausbauen und vor allem weitergeben, sodass sie Eingang in viele Küchen und Esszimmer findet.

So liegt vor Ihnen, liebe Leserinnen und Leser, eine Reise durch die intuitive Küche der Autorin, die hier aufgeschlüsselt und bis in die Einzelheiten transparent, ja nachahmbar gemacht wurde. Auch wenn es darum geht, diese wundervollen Gerichte zuerst einmal nachzuahmen, kann daraus eine eigene intuitive Küche werden. Wenn man etwas gut

Auf den feinen Unterschied kommt es an

Ein Feinschmecker ist eigentlich – nach meinem Verständnis – jemand, der die feinen Unterschiede auf seiner Zunge und in seinem Gaumen erkennt. Er sollte nicht nur beim Wein die Sonnentage schmecken, die dieser genossen hat, bevor er genossen wird. Ein Feinschmecker sollte auch

schmecken, ob das Gemüse überhaupt noch irgend etwas enthält, was ein „Lebens-Mittel" ausmacht, oder ob es nur so ausschaut wie Gemüse.

In der Zusammenarbeit mit der Co-Autorin konnte ich mich überzeugen, dass beide Ansätze – gut und imitiert, mag daraus durchaus etwas ganz Persönliches werden.

Das vorliegende Buch ist die praktische Ergänzung zu „Richtig essen", da es im Gegensatz zu vielen Kochbüchern nicht nur die Zutaten zu den Gerichten auflistet, sondern Ihnen auch ein Wegweiser für Essen in bestimmten Lebenssituationen und -bereichen sein wird. Ebenso werden die verschiedenen Säulen gesunden Essens berücksichtigt. Dadurch lassen sich die richtigen Mahlzeiten für die richtigen Gelegenheiten finden und auch der individuelle Ernährungstyp findet im Hinblick auf die thermische Wirkung Beachtung.

nachhaltig sättigen. Und nachhaltig meint hier bis zur nächsten Hauptmahlzeit.

Die Evolution ist für ihre Langsamkeit bekannt. Es hat 12 000 Jahre gedauert, bis die Hälfte der Menschen Milch verdauen konnte. Folglich sind wir heute auf Vollwertprodukte angewiesen, denn bis sich die Evolution auf die neue „Convenience-Nahrung" eingestellt hat, wird es entsprechend lange dauern.

Die vier Säulen richtiger Ernährung

Die erste Säule richtiger Ernährung ist das artgerechte Essen, das darauf aufbaut, dass wir Menschen sind und folglich auch wie Menschen essen müssen. Das heißt, die Verteilung der Grundstoffe Kohlenhydrate, Eiweiß und Fett sollte – unseren Be-

dürfnissen angepasst – im Hinblick auf die Kalorien dem Verhältnis von 50 : 25 : 25 entsprechen. Folglich sollten wir insgesamt gesehen bei Fett und Eiweiß deutlich kürzer treten und bei den Kohlenhydraten zulegen.

Die zweite Säule ist die Vollwertigkeit der Lebensmittel. Damit diese wirklich Mittel zum Leben werden, müssen sie den in Jahrmillionen entwickelten natürlichen Standards der Evolution entsprechen. Da es bis vor wenigen Jahrhunderten nie etwas anderes als Vollwertigkeit gab, ist dies zwingend. Unser Organismus hat nie gelernt, mit einer im Hinblick auf Vitamine und Mineralien reduzierten Kost umzugehen. Insofern wird er so lange Hunger ausdrücken, bis er alles hat, was er braucht. Das heißt, minderwertige Nahrung füllt zwar den Magen, macht aber nicht satt. Das aber ist eines der Anliegen an unsere Küche. Sie sollte nicht nur die Sinne erfreuen, sondern auch

Die dritte Säule ist die Ausgewogenheit des Säure-Basen-Gehaltes der Lebensmittel. Wer hier Ausgewogenheit anstrebt, braucht sich eigentlich nur an die erste Säule der Ernährung zu lehnen und auf die richtige Verteilung der Grundstoffe zu achten. Allerdings ist es damit nicht getan, denn hier spielt auch die Bewegungssäule mit herein. Wer sich regelmäßig im Sauerstoffgleichgewicht bewegt, verbrennt damit nicht nur Fettsäuren, sondern sorgt auch für ein ausgewogenes Säure-Basen-Verhältnis. Während Jahrmillionen der Evolution musste der Mensch sich immer bewegen, um an Nahrung heranzukommen. Moderne Zeiten ermöglichen es heute erstmalig, ohne viel Bewegung mehr als genug Essen zu bekommen. Hier werden wir sozusagen Opfer der Evolution, die unsere Vorfahren lehrte, mit möglichst wenig Aufwand möglichst viel Brennwert zu finden. Genau das macht viele moderne Menschen so übergewichtig. Heute müssen wir umlernen und zusätzlich für Bewegung sorgen, die wir zur Sicherung des Lebensunterhaltes gar nicht mehr brauchen.

Das muss natürlich nicht im Fitnessstudio geschehen, sondern wir könnten auch einfach wieder mehr zu Fuß gehen, das alte Fahrrad neu

entdecken oder aus dem Baden wieder richtiges Schwimmen machen. Der ideale Seiteneffekt ist, dass wir ganz nebenbei auch auf geistig-seelischer Ebene wieder mehr in Bewegung kommen.

Die vierte Säule sinnvoller Ernährung entstammt der traditionellen chinesischen Medizin (TCM) und bezieht sich auf typgerechtes Essen, das die thermische Wirkung der Lebensmittel im Organismus berücksichtigt. Die Chinesen haben schon

vor Jahrtausenden herausgefunden, dass Nahrungsmittel unterschiedlich wärmende Effekte auf den Körper und wir einen unserem jeweiligen Typ entsprechenden Bedarf an Wärme haben. Diesbezüglich ist es nahe liegend, mittels des einfachen Tests (siehe Seite 17) den eigenen Typ zu bestimmen und sich dann danach zu richten beziehungsweise zu ernähren. Schließlich und nicht zuletzt möchte unser Buch von seiner Art und seinem Stil den hohen ästhetischen Anspruch mit dem ganzheitlicher Gesundheit verbinden, sodass schon das Lesen und vor allem Betrachten der Speisen anmacht, (Lebens-)Freude aufkommen lässt und Genuss verspricht. So wächst die Chance, die kreativen Küchenideen meiner Co-Autorin einkaufend und kochend mit Leben zu füllen und in der eigenen Küche zu verwirklichen.

Um den praktischen Umgang mit unseren Ideen und den Zugang zu einem geschmackvolleren und obendrein gesünderen Leben zu erleichtern, zieht sich ein roter Faden durch das Buch und seine Rezepte. So sehen Sie auf einen Blick, wie viel Fett, Eiweiß und Kohlenhydrate enthalten sind, ob sie kühlend, wärmend, sauer oder basisch sind.

1. Farbige Löffel erleichtern das Erkennen der Nahrungszusammensetzung. Kohlenhydrate (KH) sind durch einen grünen Löffel, Proteine (E) durch einen weißen Löffel und Fett (F) durch einen gelben Löffel markiert. Der neutrale Löffel steht für Alkohol. Am Ende jedes Rezepts gibt die entsprechende Löffelgalerie Orientierung für das jeweilige Gericht. Insgesamt werden pro Gericht 10 Löffel vergeben. Im ausgewogenen Fall wären das 4 grüne für Kohlenhydrate und je 3 weiße und gelbe für Eiweiß und Fett.

2. Rote und blaue Sterne (insgesamt 6) informieren über den Säuregrad. Rot steht für Säure und blau für die basische Komponente.

3. Rote und blaue Flammen (insgesamt 6) helfen bei der Orientierung bezüglich der typgerechten thermischen Einordnung. Ein thermisch ausgewogenes Gericht hätte also je 3 rote und blaue Flammen.

Hinweis Die Nährwertangaben sind für 1 Person berechnet.

Test zur Typbestimmung nach thermischer Einteilung

Mit Hilfe des Tests kann man sich leicht selbst einordnen, den eigenen Ernährungstyp – mittels Punktezählung – bestimmen und so mehr Ordnung in die eigenen Essgewohnheiten bringen.

	5	4	3	2	1
Neigen Sie zum Schwitzen?	sehr oft – sehr schnell und stark	oft – schnell und stark	mäßig bis gering	wenig	sehr wenig
Frieren Sie leicht (kalte Hände, kalte Füße)?	gar nicht	selten	kaum	oft	sehr oft
Neigen Sie zu Erkältungen, Blasen- und Nierenerkrankungen?	gar nicht	selten	kaum	oft	sehr oft
Ist Ihr Bindegewebe empfindlich? Bekommen Sie leicht blaue Flecken?	kaum	sehr	mittel	leicht	sehr leicht
Ist Ihr Gesicht gerötet? – Haben Sie rote Wangen?	immer	häufig	kaum	selten	gar nicht
Neigen Sie zu Wasseransammlungen (Ödemen) im Körper?	nie	kaum	ab und zu, selten	öfter	sehr oft
Wie ist Ihr Blutdruck?	sehr hoch › 150	erhöht 130–150	normal 130–110/80	niedrig 110–100	sehr niedrig ‹ 100
Wie ist Ihr Appetit?	übermäßig	ausgeprägt	mittel	gering	meist gering
Haben Sie Heißhungeranfälle?	sehr oft	oft	kaum	selten	gar nicht
Neigen Sie zu Durst?	sehr oft	oft	mittel	selten	trinke meist zu wenig
Leiden Sie unter Sodbrennen – Übersäuerung?	sehr oft	oft	kaum	sehr wenig	gar nicht
Wie ist Ihr Schlafbedürfnis?	sehr gering	gering	normal	hoch	übermäßig
Welche zählen Sie zu Ihren Chraktereigenschaften?	mutig, stolz, dominant	standfest, zuverlässig	ausgeglichen	gefühlvoll, sensibel	intuitiv
Sind Sie unruhig, nervös, hektisch?	sehr oft	oft	kaum	selten	gar nicht
Wie reagieren Sie?	aufbrausend	überschießend	ausgeglichen	langsam	träge
Leiden Sie unter chronischer Erschöpfung?	nie	selten	manchmal	stark	sehr stark
Gesamt					

Testauflösung

80–69: heißer Typ   68–55: warmer Typ   54–42: neutraler Typ   41–29: kühler Typ   28–16: kalter Typ

Essen und Genuss

Das mythologische Muster oder der Archetyp der feinen Küche ist Venus, ein Urprinzip, mit dem wir uns beschäftigen müssen, wenn wir in das Wesen guten und schönen Essens eindringen wollen. Urprinzipien oder Archetypen sind und waren immer Teil unseres Lebens und sind aus diesem nicht herauszuhalten. Man kann sie lediglich ignorieren – wie die Mehrheit der modernen Menschen –, was sich aber in der Lebenspraxis

Beim Essen spielt der Venusaspekt so stark herein, dass er in einem Buch, das gesundes mit schönem Essen verbinden will, im Zentrum stehen muss.

Wie das meiste wird Essen heute hauptsächlich von der materiellen und funktionalen Seite gesehen. Wollen wir die ins Gigantische wachsenden Gewichtsprobleme jemals in den Griff bekommen, sollten wir nie ver-

cher nicht vom Glas zur Pille wechseln. Wer Ernährung nur von der materiellen Gesundheitsseite sieht, sollte bedenken, dass laut WHO-Studien die gesündesten Menschen nicht etwa im deutschsprachigen, sondern im Mittelmeerraum leben.

Auf Kreta, laut wissenschaftlichen Erhebungen Heimat der gesündesten Menschen, lebt man zwar nach unseren Vorstellungen gar nicht gesund, aber vergleichsweise geradezu provozierend lange und ohne gesund-

nicht bewährt. Wir können ohne Luft nur Minuten überleben, ohne Wasser nur Tage, ohne Nahrung kommen wir immerhin einige Monate aus, wie lange Fastenperioden demonstrieren. Wie lange aber kommen wir ohne Liebe, Thema des Venus-Archetyps, aus? Kinder sterben ohne Liebe ziemlich rasch, wie die furchtbaren Experimente zum Auffinden der Ursprache ergeben haben. Erwachsene verkümmern ohne Liebe.

gessen, dass Essen inzwischen für die meisten Menschen der Hauptgenuss im Leben ist. Das aber hat unüberschaubare Folgen. Wer etwa glaubt, er könne Rotwein durch entsprechende Pillen ersetzen, verkennt die entscheidende Komponente des Weingenusses, eben den venusischen Genuss. Insofern bleibt die Rotweinpille wohl ein Phänomen der alternativen Gesundlebeszene. Zumindest mediterrane Menschen werden si-

heitliche Probleme. Man isst spät am Abend noch relativ viel und ziemlich fett, trinkt reichlich Rotwein, raucht (männlicherseits) viel – und lebt trotzdem lange und genussvoll.

Letzteres ist wohl entscheidend. Die Menschen auf Kreta und ihre mediterranen Kollegen feiern die Feierabende bei reichlich gutem Essen und Wein und vor allem bei guter Laune und dankbarer Stimmung. Gesundheitlich liegen sie damit offenbar viel besser als hiesige Gesundheitsapostel, die vor 18 Uhr ihre biologisch gezogenen Körner und Kräuter in moralinsaurer Atmosphäre wenigstens 80-mal kauen und dabei aufs Trinken gänzlich verzichten, um die Verdauungssäfte nicht zu verdünnen. Mediterrane Menschen kümmern sich wenig um Verdauungsangelegenheiten, dafür ausgiebig um sinnlichen Genuss, was letztlich auch den Verdauungssäften besser zu bekommen scheint.

Lebensgenuss ist offenbar ein entscheidender Gesundheitsfaktor, der vor den Inhaltsstoffen der Nahrung rangiert. Hier ergibt sich ein weiterer Grund, warum gesunde Ernährung ohne den Aspekt des Genusses und damit des Venusprinzips nicht erstrebenswert ist. In unserer materialistisch orientierten Zeit mag das vielen schwer verdaulich erscheinen, aber Forschungen im Gesundheitsbereich lassen wenig Zweifel daran.

Heute ist es erstmals in der Geschichte kein Problem mehr, die notwendigen Kalorien zu bekommen. Mit etwas Bewusstheit ist es auch möglich, die notwendige Qualität zu sichern. Dies versuchen immer mehr moderne Menschen über Nahrungsergänzungsstoffe und scheitern damit. Erfolgreicher gelingt es über vollwertige Nahrung, die inzwischen in allen deutschsprachigen Ländern ausreichend angeboten wird. Als vorrangige Möglichkeit, Genuss ins Leben zu bringen, bleibt Essen aber für viele Menschen ein Problem, das noch viel zu wenig bedacht wird. Nahrungsergänzungsfreunde übersehen, wie wenig Genuss das Essen von Pulvern und das Schlucken von Kapseln und Pillen mit sich bringt. So bekommt man vielleicht kalorisch genug und vielleicht sogar auf der Ebene der Mineralien, Venus aber bleibt auf der Strecke.

Natürlich ließe sich sinnlicher Genuss auch anders und sogar tiefer und zugleich erhebender als durch Essen befriedigen. Aber immer mehr Menschen verlieren die Liebesgöttin und ihre Themen aus den Augen. Ihnen bleibt vor allem der Weg des Essens – besonders bei fortschreitendem Lebensalter. Wer Essen als den Sex des Alters bezeichnet, bekommt auf die Dauer nur zu viel an Kalorien. Jedes Urprinzip muss zu seinem Recht kommen, auf welcher Ebene auch immer.

Mit allen Sinnen genießen

Offensichtlich essen die Kreter fett. Sie gießen aber ihr in der Regel kalt gepresstes Olivenöl erst hinterher über die an sich fettarm zubereiteten Speisen. So schonen sie einerseits das Öl, lassen es aber andererseits viel üppiger zur Geltung kommen. Das Essen wird auf diesem Weg schmackhaft und rutscht gut.

Dass auf Kreta – von Männern – viel geraucht wird, ist ein Fakt und sicher ungesund. Alles aber spricht da-

für, dass, wer schon raucht, es besser mit Genuss statt mit schlechtem Gewissen tun sollte. Auch hier spielt die Seele erheblich hinein. Selbst bei einem so extremen Gift wie Nikotin entscheidet offenbar die Haltung beim Konsum über die Auswirkungen stark mit. Und das ist keinesfalls ein Plädoyer fürs Rauchen, sondern fürs Genießen.

Essen als Ersatz

Venus ist nicht das einzige Urprinzip, das sich ins Essen mischt. Ausgebliebene Belohnungen können hineinspielen und zu hochkalorischen Belohnungsgelagen führen. Wer sich den lieben langen Tag mit einer Arbeit abquält, für die er wenig Begeisterung hat und wenig Anerkennung bekommt, wird dazu neigen, sich selbst zu belohnen, wenn es sonst niemand tut. Schönes reichliches Essen nach getaner Arbeit liegt da nahe und kann das Problem doch nicht lösen. Andere richten mit ihren Mahlzeiten jene Schutzwälle auf, hinter denen sie sich samt ihren ungelösten Problemen verstecken. Konfrontiert mit ätzenden Sticheleien, verletzend scharfen Zungen und spitzen Bemerkungen, mag ein dickes Fell zum hilfreichen Schutz werden, um das Überleben zu sichern. Man verkriecht sich gleichsam in sich selbst, anstatt sich zu wehren und beispielsweise schlagfertiger zu werden.

Besonders Frauen sind manchmal den direkten Forderungen der Liebesgöttin Venus nicht gewachsen und lassen ausdrucksstarke Figuren lieber in Babyspeck untergehen. Dann wird ihnen weniger auf den Po geschaut oder gar gehauen und nicht nachgepfiffen, sondern im Idealfall sogar zugehört. Wer seine Taille von der schmalsten Körperzone zur breitesten ausbaut, kann sich darauf verlassen, in Ruhe gelassen zu werden. So erfüllt Essen einen Sinn, aber das ist „bei Leibe" nicht der wirkliche Sinn des Essens.

Entscheidende und von Ernährungsaposteln häufig völlig übersehene Gründe für Fehlernährung sind die vielfältigen Ersatzfunktionen des Essens. Wo Mahlzeiten zu Höhepunkten des Tages und zur einzigen Quelle von Lebensfreude und Sinnlichkeit werden, ist Essen naturgemäß eng mit dem Archetyp der Venus verbunden. Da dieses Buch nicht nur zu gutem gesundem Essen verhelfen, sondern vor allem auch den Genuss dabei fördern will, müssen wir uns das Venusthema noch ausführlicher und genüsslicher zu Gemüte führen. Bei ihm ist die Ersatzfunktion auch am leichtesten zu durchschauen, wenn sie sich etwa im Kummerspeck austobt. Hier wird gegessen anstatt geliebt, und das hat natürlich auch kalorische Auswirkungen. Gegen einen so mächtigen Archetyp wie Venus kommt auf die Dauer keine Diät an. Bevor sich Venus gar nicht ausdrücken kann, wird sie es in den ungeliebten Polstern aus eigenem Gewebe tun. Hier liegt die einzige wirkliche Hilfe im Durchschauen des Musters und im Überarbeiten der Einstellung, wie es mit Hilfe des Programms „Mein Idealgewicht" geschieht.

Das Venus-Prinzip

Symbolisch gesehen ist Essen ein Hereinholen, ein Einverleiben von Fremdem, um es zu Eigenem zu machen. Aber nicht nur das Leben, auch die eigene individuelle Entwicklung beginnt mit Einverleiben und Essen. Ungeborene ernähren sich von Nährstoffen aus dem Blut der Mutter. Sie isst sozusagen für zwei und das Ungeborene ist viele Monde ihr regulärer Mitesser.

Zu Anfang des Lebens nimmt die Liebe, die das Kind so dringend braucht, ganz natürlich vor allem den Weg über Mund und Magen. Mit dem warmen, nährenden Milchstrom kommt auch der Einfluss des venusischen Prinzips: Baby saugt an der gleichen Brust, an der Männer saugen, wenn sie Liebe suchen. Während es Baby um die süße, warme Milch geht, kostet der Mann die süße Liebe der begehrten Frau. Saugen steht ganz zu Beginn und nach der Pubertät schon wieder an zentraler Stelle. Liebesspiele drehen sich ums Einverleiben und spielen sich vor allem an den Körperöffnungen ab. Wo Essen aber zum zentralen Liebesspiel wird, ist statt innerer wohliger Rundheit eher die rundliche Kugelgestalt angesagt. So gilt es auch hier die Mitte zu wahren.

Von Essen, Trinken und Liebe

Essens- und Liebesdefinition sind sich nicht nur sprachlich sehr nahe. Es geht darum, sich zu öffnen und Begehrtes hereinzuholen, es sich zu eigen zu machen. All das bildet den Urwunsch des Menschen, seine Sehnsucht, zum Ursprung oder zur Einheit des Paradieses zurückzukehren. Auf dem Höhepunkt des Geschlechtsaktes als dem Ziel der sinnlich-erotischen Liebe gelingt es tatsächlich manchmal, seelisch im Orgasmus zum Gefühl von Vollkommenheit und Ganzheit zu gelangen.

Essend gelingt es natürlich nur auf der körperlichen Ebene. Kugelrund wie im Gleichnis von den Kugelmenschen wird man durchaus essend – wobei gerade das den Lebensgenuss auch wieder ruiniert.

Das Gleichnis besagt, dass die ursprünglichen Kugelmenschen so rund und vollkommen waren mit ihren zwei Köpfen, vier Armen und Beinen, dass sie die Eifersucht der Götter herausforderten, die sie, in Gestalt von Apoll, mit einem Schwerthieb durchtrennten. Daraus ergab sich ihre anschließende Aufgabe, die verloren gegangene Hälfte wiederzufinden.

Mit dem Essen der berühmt berüchtigten verbotenen Frucht geht die Einheit des Paradieszustandes verloren. Die erotische Liebe erlaubt, sie wenigstens für Augenblicke zurückzugewinnen. Essend bis zur Kugelgestalt lässt sie sich nur äußerlich und damit unbefriedigend zurückholen. Den letztlich wohl einzig Erfolg versprechenden Weg weist die seelische Liebe im Sinne der Agape auf, die darauf zielt, mit allem eins zu werden. Wer sie verwirklicht, kehrt zurück ins Paradies. Essen kann lediglich helfen, diesen Weg anzubahnen.

Symbolisch sind sinnliche Liebe und Essen nahe beisammen. Es geht bei beidem um Einverleiben und Integrieren von Fremdem. In der Praxis liegen allerdings Welten dazwischen. Manches im seelischen Bereich Vielversprechende ist auf körperlicher Ebene geradezu gefährlich. Wo seelische Liebe Grenzen und jeden engen Rahmen sprengt, ja sich beliebig ausdehnen und Gott und die Welt umarmen möchte und so zum Spiel ohne Grenzen wird, lebt die körperliche Ebene von Grenzen und deren Beachtung. Das gilt in ähnlichem Maß fürs Essen. Wenn wir über alle Grenzen hinaus essen, führt das zu gefährlichem Übergewicht. Verliebte, die von Luft und Liebe leben, zeigen, wie gut die Liebe Essen ersetzen kann. In der modernen Zeit muss allerdings viel häufiger Essen die Liebe ersetzen – mit den entsprechenden Gewichtsproblemen.

Vom Schmausen und Schmusen

Für Süßigkeiten empfänglich sind nicht nur Kinder. Besonders Damen lassen sich mit Pralinen, Konfekt und Bonbonnieren ködern und „beißen an". Hier handelt es sich um süße Huldigung verführerischer Süße. Die Beziehung zwischen Schmausen und Schmusen liegt auf der Hand, vor allem aber auf der Zunge. Vorlieben für Süßigkeiten, aber vor allem verzehrende Sehnsucht nach ihnen, verweisen auf die Doppeldeutigkeit des Terrains.

Die Pubertät wäre die ideale Gelegenheit, genussmäßig von der Ernährungsebene loszukommen. Wer auf dieser Stufe hängen bzw. an den Süßigkeiten kleben bleibt, stellt die Weichen u.U. für längere Zeit auf Ersatzliebe. Fülle statt Erfüllung könnte zu seinem körperlichen Schicksal werden. Hier kann schönes, ästhetisch anspruchsvolles Essen eine wesentliche Bedeutung sogar in therapeutischer Hinsicht bekommen. Schön statt viel könnte hier die Rettung sein.

Zum Glück ist jedes Verlieben eine Gelegenheit, den Absprung auf reifere Ebenen erotischer Liebe zu schaffen. Dann allerdings muss bereits Kraft aufgebracht werden, ein gefügtes alteingesessenes und schlimmstenfalls in Fleisch und Blut übergegangenes Muster aufzugeben. Wo Naschen bereits zur zweiten Natur geworden ist, wird der Absprung schwerer fallen. Auf körperlicher wie auch übertragener Ebene geht leider kaum etwas so schnell in Fleisch und Blut über wie der raffinierte Zucker der Süßigkeiten. Unter seinem Einfluss setzt man schon nach kürzester Zeit „Fleisch" an. Obendrein stillen Süßigkeiten den Hunger nicht wirklich, weder den nach Süßem, noch den nach Lebens- und Liebeserfahrungen. Über eine Stoffwechselrückkoppelung und vermehrte Insulinausschüttung führen sie im Gegenteil zu immer weiterem Hunger. Solche Art süßer Verehrung von Venus macht nicht satt, sondern bringt Fülle statt Erfüllung.

Das Band zwischen Essen und Liebe

Auch nach der Pubertät bleiben Essen und Liebe auf viele Weisen verbunden. Das „Bratkartoffelverhältnis" einiger Studenten zu ihren Wirtinnen singt ein Lied davon. Ihre Liebes- bzw. Ernährungsbedürftigkeit führen zu einem Verhältnis, das beiden verschafft, was sie momentan aus Venus' Reich am dringendsten brauchen. Die Liebe ist in diesem Fall noch etwas enger an Tisch und Bett gebunden. Traditionell war diese Beziehung immer intim.

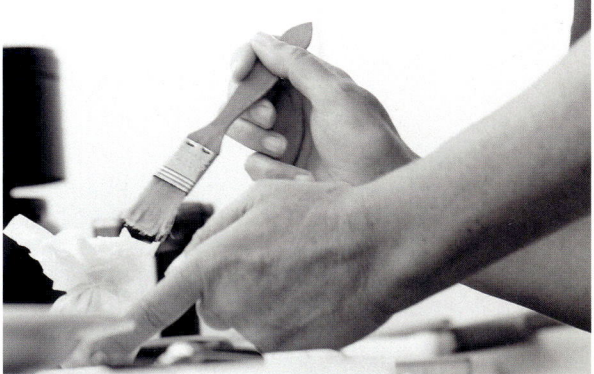

Noch immer erwarten Männer, dass Frauen sie „liebend umsorgen", was oft „bekochen" meint. Sie bereitet ihm ein köstliches Mahl, und er frisst ihr dafür aus der Hand – wie seinerzeit im Paradies bei der verbotenen Frucht. Liebe, die durch den Magen geht, hat Eva bis heute unter Kontrolle. Erotische Liebe ist oft schmackhafter, aber nicht so einfach zu erlangen. Da müsste er schon

aktiv mitmachen. Das führt dazu, dass Feierabende eher mit kulinarischen als erotischen Gelagen gestaltet werden. Das Wort Gelage verrät, dass die Feier ursprünglich im Liegen stattfand. Erotisches kommt, die Karikatur verrät es, nur bei besonderen Anlässen zum Zuge, etwa wenn ein richtiger Feiertag ist und Adam besser bei Kräften. Früher war die Beziehung zwischen den Ebenen des Venusreiches noch leichter zu durchschauen. Die sinnenfreudigen Römer lagen schon beim Essen lieber, um sich dabei alle möglichen Sinne verwöhnen zu lassen. Bis in unsere Zeit hat sich das Chambre séparée gerettet, in dem die Liebe vom Gaumen zum Magen reicht, dann aber auch ein gutes Stück darüber hinaus. Von den Franzosen erfunden, macht es deren traditionell gute Beziehung zu hoher Liebes- und Küchenkunst deutlich.

Nahe liegt hier das Thema „Verführung", und auch dabei gehen „Essen" und „Liebe" Hand in Hand. Das Süße verführt auf allen Ebenen. „Süße", „appetitliche", ja „zum Anbeißen" aussehende Mädchen sind ein gefun-

denes „Fressen" für hungrige Blicke von Verführern.

Auch bei der Sucht spielt Verführung eine zentrale Rolle. Auf der Suche nach Liebe und runder Vollkommenheit lässt man sich leicht und nicht nur von Nahrung verführen. Da diese zwar füllt, aber nicht erfüllt, wird aus der Suche Sucht. Hunger und Sehnsucht bleiben ungestillt, und so muss immer weiter gegessen werden, ohne Chance, genug zu bekommen. Man wird es bald satt bekommen, aber nie satt werden. Hier wird ein Rückfall auf frühkindliche Entwicklungs-

stufen deutlich, wo fast jeder Unlust mit Nahrung begegnet wurde. Während aber das runde dicke Baby noch ganz süß ausschaut, stellt der kugelförmige Erwachsene eher ein ästhetisches Problem dar.

Die Mode macht hier ehrlich. Schicke, figurbetonte Kleidung ist nicht mehr drin, weil Babyspeck die Formen verhüllt. Dieser wird nun auch, ähnlich wie zu Beginn des Lebens, verpackt. Umstandskleid- und strampelhosenähnliche Gebilde, weit und geräumig, sollen nun verhüllen, was überdeutlich ist.

Lust und Frust

Die enge Beziehung zwischen Liebe und Essen unter der Oberhoheit des Venusprinzips, deren gemeinsamer Nenner Lust ist, findet im Frust einen natürlichen Gegenpol. Unterschiedlichste Frustrationen können zum Rückzug auf mehr oder weniger unerlöste Ebenen des Venus-Archetyps verführen. Venusangebote werden in solchen Situationen automatisch zu Balsam für angeschlagene Selbstwertgefühle und zu Trostpflastern für schmerzende Seelenwunden. In solchen Augenblicken lässt man sich besonders bereitwillig mit Liebe verwöhnen, ob sie nun aus dem Kochtopf durch den Magen unter die Haut geht oder direkt von zärtlichen Händen darauf gestreichelt wird. Ist man

von allen guten Geistern verlassen, liegt Selbstbefriedigung nahe, und wieder reicht die Palette der Möglichkeiten durch Venus' ganzes Reich, von süßem Zuckerwerk bis zu entsprechenden Phantasien und Handlungen.

Auch Sex kreist heute oft um den quantitativen Aspekt, während der qualitative eine abnehmende Rolle spielt: Viel schlechter Sex statt erfüllender Höhepunkte und ekstatischer Gipfelerlebnisse. Die Liebeskultur hat schon bessere Zeiten gesehen, wenn man an die hohe Kunst der Liebe denkt, die in den Liebestempeln der Venus-Aphrodite in der Antike gepflegt wurde. „Quantität statt

Ersatzgenuss Alkohol

Drastischer, aber in dieselbe Richtung geht der „Rückgriff" auf die Flasche, mit dem der Alkoholiker seine Sehnsucht zu befriedigen hofft. Was nach der oralen Frustration des Abstillens angemessen ist, ist später eine in letzter Konsequenz unbefriedigende Flucht zurück in kindliche Gefühlswelten. Die Süße der Milch ist deshalb auch nicht mehr ausreichend, es bedarf der benebelnden Alkoholwirkung, um aus der (zu) hart empfundenen Realität in die weichere Welt des Rausches zu entkommen. Oft finden sich bei Süchtigen unreife in frühen Entwicklungsphasen stecken gebliebene Persönlichkeiten. Nicht selten sind es Menschen, die, in ihrer Kindheit erheblich verwöhnt, nicht gelernt haben, mit Frustrationen fertig zu werden und eigene Schritte in Richtung Erfüllung zu wagen. Oft wurde auch wirkliche Mutterliebe durch überreichliche Versorgung und übertriebene Fürsorge ersetzt. Der Rückgriff zur Flasche zeigt die Regression ebenso wie die Sucht nach Süßigkeiten, bei der man zum Dauerlutscher wird. Die zwischen den Extremen angesiedelten Formen übermäßigen Essens und Trinkens verraten ähnliche Muster. Das Übermäßige, was ja nichts anderes bedeutet als über das eigene Maß hinausgehend, taucht beispielsweise auf, wenn die Anforderungen des Lebens zu hoch erscheinen.

25

Qualität" entspricht einer Grundtendenz unserer Zeit, die lediglich das Feld von „Lust und Liebe" besonders hart trifft. Der andere Bereich venusischen Genusses, die Esskultur, ist ähnlich betroffen. Groß- und Supermärkte quellen über von verführerischsten Nahrungsmitteln, die kaum noch Lebensmittelqualität erreichen. Quantitativer Mangel ist in unserem Teil der Welt fast unbekannt, qualitativer Mangel aber greift mächtig um sich.

Der Überfluss, den wir durch unsere Mägen quälen, und der daraus resultierende Wohlstandsspeck werden so auch zu einem Maß für ungestillten Liebeshunger. Mit noch so zahllosen und üppigen Fettpolstern, die schon junge Menschen zu richtigen Michelin-Männchen machen,

lässt sich dieser tiefe Hunger ebenso wenig stillen wie durch oberflächliche sexuelle Abenteuer. So wächst im Schatten die Gier. Das bekannte Schokoladenspiel mag es belegen: Jedes Stück Schokolade fördert die Lust auf mehr. Befriedigung ist so kaum erreichbar. Echte, nach Erfüllung verlangende Venusbedürfnisse werden

hinter Ersatzbefriedigungen deutlich, wenn diese für einige Zeit wegfallen, wie etwa bei Fastenkuren. Von allen Naschereien, Glimmstängeln, Drinks und sogar den medizinisch verordneten Stimmungsdrogen befreit und ohne erotische Auswege, wird die frustrierende Leere des eigenen Lebens offenbar. Solch eine Zeit der freiwilligen Reduktion und des Rückzuges bringt aber zum Glück sehr rasch wieder Genuss an den einfachen Dingen des Lebens zurück. Die Tendenz, alle Lebensbereiche zu veräußerlichen, die auch Liebe und Lebenslust erfasst hat, kehrt sich beim Fasten um. Sie lässt die wirklichen Bedürfnisse zurückkehren, die mehr mit Qualität als mit Quantität zu befriedigen sind. Insofern ist Fasten als Vorstufe zu neuem Genuss zu verstehen. Der bewusste Essensanfang danach kann zu einem Hochgenuss werden. Wir werden ihm mit geschmackvoller Aufbaunahrung begegnen.

Lassen Sie Venusenergie in Ihr Leben

Sich vom Venusprinzip – obendrein in gesunder Weise – reich beschenken zu lassen, ist das Anliegen dieses Buches. Venus kann aber auch vergiften (venenum = lat. Gift). Ihre Gaben, ihr Gift, in Geschenke (engl. gift) zu wandeln, ist eine besonders lust- und genussvolle Möglichkeit. Jedes „blonde Gift" ist Versuchung

und Geschenk in einem. Aber nur Geschenke, auf die wir uns einlassen, führen zu Lebensgenuss. Das gilt wieder für beide Ebenen des venusischen Reiches. Wer mit schlechtem, von Kalorientabellen geplagtem Gewissen die herrlichsten Süßspeisen verschlingt, hat genauso wenig davon wie jene Liebenden, die sich, von

moralischen Bedenken gequält, zwischen Tür und Angel „vernaschen".

Die tiefe innere Verbindung von Essen und Lust, Sinnlichkeit, Erotik und Appetit, die Heimat des Archetyps der Liebesgöttin Venus-Aphrodite, ist immer bedenkenswert, wenn man sich mit Ernährung und Kochen beschäftigt. Jeder Archetyp will ins Leben integriert werden. Wo es freiwillig geschieht, ist es angenehm. Geschieht es nur widerwillig, kommt Leid ins Spiel (des Lebens), weil der Archetyp unerlöste Formen annimmt. Wer Venus den Zutritt in sein Leben verwehrt, muss mit unerfreulichen Ausdrucksformen aus ihrem reichhaltigen Repertoire rechnen, die durchaus den Charakter von Zwangsmaßnahmen annehmen. Körperliche Fülle statt seelischer Erfüllung ist das schon oft erwähnte häufigste Beispiel. Insofern hat bewusst geschmackvolles, schönes Essen eine bis ins Therapeutische reichende wichtige Funktion. Es liegt so viel Venusenergie so hoher Qualität darin, dass man sich auf diesem Weg viel Ungemach ersparen kann. Angesichts solch (arche-)typischer Tatsachen wäre es vielleicht naheliegend, eine Neuordnung der Gewichtungen im Venusreich ins Auge zu fassen. Die Rezepte dieses Buches könnten hier eine wohlschmeckende Brücke schlagen. Eine gute Möglichkeit ist immer, schön anstatt viel zu essen. Schon ein paar brennende Kerzen in schönen Leuchtern und ruhige Musik verhindern bewusstloses Hineinschaufeln und fördern so schöne Mahlzeiten, während sie Schlingzeiten eine leicht verdauliche Absage erteilen.

Die süße Verführung

Süßigkeiten steigern nur die Lust auf Süßes. Sie stillen weder den Hunger auf Nahrung noch auf Liebe. Ersatz ist auf Dauer nie eine Lösung. Wenn das Vernaschen „süßer Zuckerpuppen" auf erotischer Ebene misslingt, ist die Flucht in süßes Essen und entsprechenden Kummerspeck die logische Konsequenz. Die Betonung von Quantität und oberflächlicher Ersatzebenen nährt den Verdacht, dass im Reich der Venus Not herrscht. Angesichts des Überangebotes an Naschwerk und großer Offenheit allem Erotischen gegenüber mag das verblüffen. Aber gerade die Tatsache, dass von jeder Plakatwand süße Mädchen in verführerischen Dessous herablächeln und sich beziehungsweise ihre Wäsche anbieten, und sich die Mehrzahl der Wohlstands(mit)bürger beachtliche Pölsterchen angenascht hat, ist Hinweis für den Mangel an echter Liebe und ekstatischer Lust. Wir leben zwar aus der Fülle, aber diese ist oberflächlich (sichtbar) und wenig befriedigend. Kummerspeck ist nicht eigentlich Lust- sondern eher Frustspeck. Ein sexueller Vielfraß demonstriert – meist unverschämt – seinen unbefriedigten Appetit auf ekstatische Lust und echte Liebe. Auch mancher Raucher, der lustbetont an seinem Glimmstängel saugt, versucht, ein Venusdefizit zu kompensieren.

Essen für gute Gedanken und Ideen

Rationales Denken ist heute die mit Abstand bevorzugte Methode, in der Welt zu Erfolg zu kommen. Insofern wird es in den Schulen schon von der Grundstufe an trainiert und in Gymnasium und Universität als allein selig machendes Werkzeug konkurrenzlos angewandt. Bis der moderne Mensch merkt, dass rationales Denken dann doch nicht selig macht, ist es in der Regel schon recht spät im Leben geworden. Und viele merken es nie. Der Reichtum der inneren Bilder, ja überhaupt die Seelenbilderwelten, kommen zu kurz – vom Lebensgenuss ganz zu schweigen.

Wie Sie diesen Reichtum wieder für sich entdecken, wieder zu mehr Lebensgenuss kommen und dazu einen klaren Kopf kriegen? Das erfahren Sie in diesem Kapitel.

Klar und leichter denken

Natürlich ist die Effizienz, vor allem die des Gehirns, in einer Gesellschaft von Großhirnakrobaten auch beim Essen ein Thema. Der Wunsch wäre, die bereits erreichte Einseitigkeit noch weiter zu steigern und das rationale Denken der linken, archetypisch männlichen Gehirnhälfte noch zu verbessern.

Was immer die Leistung des Gehirns verbessert, wirkt auf beide Hemisphären unserer Gehirnwelt und auf deren Basis, das mittlere, den Gefühlen verpflichtete Gehirn. Diesem Gebot folgend haben wir die Rezepte ausgesucht. Essen, das unser Denken erleichtert und fördert, wird heute neudeutsch als „Brainfood" – Gehirnnahrung – bezeichnet. Doch einige Lebensmittel wie Fisch und Nüsse stehen mit Recht in dem besonderen Ruf, klares und tiefgehendes Denken zu fördern, weil ihre Omega-3-Fettsäuren Nahrung für die Nervenzellen sind. Inzwischen ist unbestritten, dass sich Fisch, vor allem aus kalten Gewässern wie etwa Lachs, viel günstiger auf unsere Gesundheit auswirkt als Fleisch. Die entsprechenden Fettsäuren halten das Blut flüssig und damit im übertragenen Sinn die Lebenskraft in Fluss. Gute Durchblutung ist natürlich auch für das Gehirn wichtig, nimmt es sich doch einen großen Anteil der im Blut transportierten Energie. In Zeiten hoher Leistungsanforderung ans Gehirn können Nüsse und Obst die ideale Basis sein, wenn man nicht ganz auf Essensverzicht setzt. Bei den Nüssen liegt die Erklärung in ihren wertvollen Fetten, bei der Walnuss erinnern ja sogar Form und Gestalt an die Signatur des Großhirns. Die Frische der Früchte kann die Frische des Geistes fördern. Obst hat vielfältige positive Eigenschaften. Früchte werden von allen natürlichen Lebensmitteln am schnellsten verdaut und belasten den Organismus kaum, sofern man in der Lage ist, ihren Fruchtzucker (Fructose) aufzunehmen und zu verstoffwechseln. Die Klarheit des Geistes, die beim Fasten so geschätzt wird, wird wenig beeinträchtigt, wie es andere Nahrungsmittel meist tun. Allerdings ist Voraussetzung, dass man nicht an einer Fructoseaufnahme- oder -verwertungsstörung leidet. Wer auf gut gekaute Früchte mit Blähungen reagiert, könnte hier jedenfalls einen entsprechenden Verdacht entwickeln.

Frische fürs Gehirn

Beim Gesunden wird die Fructose unabhängig von der Bauchspeicheldrüse und ihrem Insulin verdaut und steht damit dem Gehirn direkt zur Verfügung. Das erhöht die Konzentrationsfähigkeit und hebt die Stimmung, wie es insgesamt bei Rohkost auf nüchternen Magen für sensible Menschen spürbar ist. Es muss in diesem Fall aber gar nicht unbedingt von den Inhaltsstoffen abhängen, denn allein schon der saftige und damit anmachende sinnliche Aspekt vermittelt von sich aus Lebensfreude. Schließlich enthalten besonders sonnengereifte Früchte einen hohen Anteil an Biophotonen, den Lichtträgern in unseren Lebensmitteln. Inzwischen ist wissenschaftlich bestätigt, dass unsere Zellen Licht brauchen, um miteinander zu kommunizieren. Außerdem scheinen die Biophotonen das sicherste Maß für den Frischegehalt unserer Nahrung zu sein. Wer geistig arbeitet, braucht aber vor allem Frische im Gehirn. Obst vermittelt diese Frische auf beste Weise. Schon der Gedanke, beim Verzehr einer Frucht „Licht zu essen", hat etwas Erhebendes und irgendwie auch Erleuchtendes.

Früchte sind Träger vieler Enzyme, die nicht nur die Verdauung, sondern auch das Denken erleichtern. Unser ganzer Organismus ist auf Enzyme angewiesen. Ohne sie würden die Stoffwechselprozesse viel zu langsam ablaufen. Wer schnell verdauen will – und zwar auf der körperlichen wie der geistigen Ebene – muss ausreichend Enzyme zu sich nehmen. Die denaturierte Zivilisationskost verfügt über viel zu wenig Enzyme und macht deshalb träge. Wer lebendig und rasch denken und kombinieren will, braucht die Hilfe dieser ungezählten Heinzelmännchen des Stoffwechsels, die wir am besten aus

frischem Obst und Gemüse bekommen. Doch Enzyme sind empfindlich. Selbst bei schonendem Kochen gehen viele Enzyme zugrunde. Insofern sollten wir immer darauf schauen, unsere Verdauung auf einen Stand zu bringen, wo wir auch wieder rohe Pflanzen vertragen können. Testen sie aus, was und wie viel Sie gut vertragen und versuchen Sie, die Menge langsam zu steigern.

Zudem haben Früchte natürlich einen sinnlichen Aspekt, sie sind die Samen der Pflanzen. Damit bringen sie auf ihre saftige Art und Weise auch etwas Anregendes ins Spiel des Lebens. Deshalb könnten wir sie auch zu den Aphrodisiaka rechnen. Einige – wie etwa die Erdbeeren – nützen neben ihrem verführerischen Äußeren obendrein der Haut und verschönern sie.

Das eigene Maß

Ich persönlich liebe auch tropische Früchte wie Mangos, Papayas, Ananas und Kiwis. Aber nicht zu jeder Jahreszeit und nicht zu jeder Gelegenheit, in Asien immer, bei uns dann, wenn ich sie reif kaufen kann und es draußen sehr warm ist. Das hat mit meinem Ernährungstyp zu tun. Sicher wäre es sinnvoll und für die Erde am schonendsten, nur das zu essen, was gerade in der eigenen Umgebung reif ist. Aber das würde

mir den Winter in Bezug auf Ernährung zu trist machen. So wie ich gerne in dieser Jahreszeit nach Bali ausweiche, kann ich auch Bali in Gestalt von einigen Mangos zu mir kommen lassen. Das mag ökologisch bedenklich sein, ist aber stimmungsmäßig oft förderlich. Ich kann diese Früchte – entgegen der Blutgruppendiät-Vorstellung – sehr gut verdauen und liebe sie geradezu. So gilt für jeden, sein eigenes Maß zu setzen.

Obst – die Soforthilfe
Übersäuerung ist nicht nur körperlich schädlich, sondern wirkt sich auch auf den Geist aus. Obst, das über einen hohen Anteil an Fruchtsäuren verfügt, hat ausgleichende Effekte auf den Säure-Basen-Haushalt. Je mehr Fruchtsäuren wir aufnehmen, desto basischer reagieren die Früchte in unserem Organismus und fördern so das zumeist durch Übersäuerung bedrohte Gleichgewicht.

Übersäuerung ist auch ein Feind der Geistesarbeiter, weil sie nicht nur das Muskelsystem, sondern unser ganzes System unrund laufen lässt. Über einen hohen Fruchtsäureanteil verfügen vor allem die Ananas und die Passionsfrucht unter den Exoten, aber auch der gute alte Boskopapfel unter den einheimischen Obstsorten. Solche Früchte sind geeignet, uns rasch geistige Frische zu bescheren.

A propos exotisch: Die meisten unserer einheimischen Früchte wie Kirschen und Äpfel, Pfirsiche und Pflaumen sind wahrscheinlich erst vor ein paar Jahrtausenden aus Asien zu uns gekommen und damit gar nicht so viel weniger exotisch.

Die meisten von uns haben offenbar die Fähigkeit, auch exotische Früchte zu verdauen – sie wachsen auf dieser Erde und sind verfügbar. Reife Früchte sind überhaupt die Nahrung, der wir am wenigsten Gewalt antun müssen, um sie zu bekommen. Allerdings müssen Sie beim Genuss von Früchten wissen, welchem Typ Sie entsprechen, um sich wirklich etwas Gutes zu tun und Ihrem Gehirn zu nützen. Denn wenn Sie zu wenig Verdauungsfeuer ins Spiel des Lebens bringen, können die schönsten Früchte zu ausgesprochen ungeeigneten Nahrungsmitteln werden. Der kurze Test auf Seite 17 kann hier in fünf Minuten für Klarheit sorgen.

Fasten für geistiges Wachstum

Neben Früchten, Nüssen und Fisch sind noch Sojaprodukte wie Tofu, aber auch die Getreide Hafer und Dinkel in Zusammenhang mit geistiger Frische und Klarheit zu erwähnen. Der am deutlichsten spürbare Effekt ist jedoch nach meinen Erfahrungen mit dem Anstieg des Wachstumshormons HGH verbunden, etwa beim Fasten, oder eben vor dem „break-fast", dem morgendlichen Fastenbrechen, nachdem man eine lange Nacht nüchtern geblieben ist. Beim Fasten kommen noch weitere Effekte zum Tragen, wie die relative Leere im Verdauungsbereich, die offenbar geistige Regsamkeit fördert. Der Ausdruck „voller Bauch studiert nicht gern" trägt dem Rechnung. Bei längeren Fastenzeiten kommen auch der körperlich reinigende und der geistig-seelisch klärende Effekt hinzu, der geistige Aktivität begünstigt und oft geradezu beflügelt.

So wunderbar längere Fastenzeiten sind, auf die ich in meinem Leben nicht mehr verzichten möchte, so verblüffend wirksam können auch die täglichen Fastenzeiten der Nacht sein, wie sie in der Mode des Dinnercancelling zum Ausdruck kommen. Wer das Abendessen ausfallen lässt, wird natürlich eine viel längere Fastenzeit haben, aber er verzichtet doch auf viel Genuss. Hier wäre zu überlegen, ob es nicht zum eigenen Typ viel besser passt, das Frühstück wegzulassen. So kommt eine genauso lange Fastenzeit zustande und das Abendessen als genüsslicher Höhepunkt des Tages ist gerettet. Aus Venus Sicht ist das die ungleich bessere, weil genussvollere Variante.

Das Wachstumshormon (HGH)

Ein sinnvoller Ansatz, die geistige Regsamkeit zu erhöhen, ist die Stimulierung des Wachstumshormons (HGH: Human Growth Hormone). Guten Schlaf und tägliche beziehungsweise nächtliche Fastenperioden von wenigstens 12 Stunden und eine stimmige Ernährung fördern hohe HGH-Spiegel.

Als wachstumshormonstimulierende Kost kommt alles in Frage, was Melatonin, das Hormon der Nacht, fördert. Dies wiederum sorgt dafür, dass HGH gebildet wird, was eben vor allem nachts geschieht. Insofern wäre an solch eine Ernährungsvariante vorrangig abends zu denken. Da aber Melatonin auf dieselben Grundstoffe wie Serotonin zurückgeht, drängt sich hier eine serotonin-unterstützende Rohkost auf, die sich durch den Reichtum in der Süßkartoffelart Topinambur, den Getreidearten Amaranth und Quinoa auszeichnet.

Frischkornmüsli mit Dinkel

4 Personen
8 EL Dinkelvollkornschrot
4 TL ungeschwefelte Rosinen
1 Banane
250 g Dickmilch
4 TL Sanddornsaft
200 g Obst der Saison (Apfel,
Orange, Beeren)
4 TL Leinsamen oder gehackte
Nüsse
Honig nach Geschmack

190 kcal

» Dinkelvollkornschrot und Rosinen in einer Schüssel mit 8 Esslöffeln Wasser über Nacht abgedeckt im Kühlschrank einweichen.

» Die Banane schälen und zerdrücken, mit der Dickmilch, dem Sanddornsaft, dem zerkleinerten Obst und dem eingeweichten Schrot mischen.

» Das Müsli mit Leinsamen oder Nüssen bestreuen, mit einigen Früchten garnieren. Eventuell mit Honig nachsüßen.

KH   E   F   basisch   ausgewogen

Frischkornmüsli mit Hafer

4 Personen
200 g Äpfel
300 g Bio-Joghurt
8 EL Hafervollkornschrot
4 TL Sanddornsaft
Saft von ½ Bio-Zitrone
Honig
4 TL Kürbiskerne
4 EL Johannisbeeren (schwarz
oder rot)

165 kcal

» Die Äpfel waschen, vierteln, das Kerngehäuse entfernen und grob raspeln. Das Obst mit Joghurt, dem Hafervollkornschrot, Sanddorn- und Zitronensaft mischen und mit Honig abschmecken.

» Das Müsli mit Kürbiskernen und den gewaschenen Johannisbeeren bestreuen und sofort servieren.

KH   E   F   basisch   kühlend

Brokkoli-Tofu-Torte

» Fein gemahlenen Dinkel mit kalten Butterstücken abbröseln, Salz und sehr kaltes Wasser beigeben und kurz verarbeiten. Den Teig ca. ½ Stunde kalt stellen.

» Brokkoli von den dicken Struntkteilen befreien, in Rosen zerteilen. In kochendes Salzwasser geben, kernig kochen, kurz kalt abschrecken und gut abtropfen lassen.

» Teig ausrollen und Springform (26 cm Durchmesser) damit auslegen. Den Teigrand, der etwas über die halbe Höhe der Form reichen soll, gut andrücken. Räuchertofu klein schneiden. Brokkoli auf den Teig legen und Räuchertofu darüberstreuen.

» Sämtliche Zutaten für den Guss im Mixer pürieren und darüber gießen. Auf unterster Schiene 15 Minuten bei 220 Grad, weitere 15 Minuten bei 200 Grad backen. Eventuell mit Folie abdecken.

» Etwas ruhen lassen, aus der Form nehmen und aufschneiden.

Mein Tipp
» Brokkoli-Tofu-Torte eignet sich sowohl als warme Vorspeise als auch als Hauptgericht. Als Variante können Sie auch grünen Spargel nehmen!

KH   E   F

basisch

wärmend

Gut zu wissen
Brokkoli liefert als grüner „Nährstoffprotz" reichlich B-Vitamine und Calcium in besonders großer Menge. Sein Hauptwirkstoff ist aber Sulforaphan. An der John-Hopkins-Universität in Baltimore/USA wurde entdeckt, dass dieser die Produktion bestimmter Enzyme im Körper anregt, die krebsauslösende Substanzen in unseren Zellen unschädlich machen können. Außerdem ist Brokkoli wegen seines hohen Gehaltes an Folsäure besonders gesund für Schwangere.

8 Stück
160 g Dinkel, fein gemahlen
80 g kalte Butter
Salz
65 ml sehr kaltes Wasser

Füllung:
750 g Brokkoli
100 g Räuchertofu

Guss:
250 g Tofu
125 ml Milch oder Sojamilch
125 ml Sahne oder Sojasahne
2 ganze Bio-Eier, 1 Eigelb
Salz
etwas Muskatnuss
Pfeffer aus der Mühle

pro Person 289 kcal

Bouillabaisse-Salat

» Das Grün der Fenchelknolle abschneiden und beiseite legen. Fenchel, Lauch und die geschälte Zwiebel in dünne Scheiben schneiden. Tomaten heiß überbrühen, häuten, entkernen und in Würfel schneiden.

» In einem Topf 1 EL Öl erhitzen, Knoblauch, Zwiebel- und Fenchelstreifen glasig braten. Lauch hinzufügen, mit Wein ablöschen. Mit Brühe aufgießen, salzen und die Tomaten unterrühren. Vom Herd nehmen. Dann Zitronensaft, Senf, 3 EL Olivenöl und gehacktes Fenchelgrün unterrühren und würzen.

» Die Fischfilets würzen, im restlichen Öl 3 Minuten anbraten, vom Herd nehmen und in der Restwärme fertig garen.

» Salatblätter auf Tellern anrichten, die Fische darauf legen und die Marinade darüber verteilen. Mit Safranfäden garnieren.

KH   E   F   neutral   wärmend

Gut zu wissen

Von Zeus wird in den Sagen berichtet, dass er auf einem Bett aus Safran schlief und bereits die Phönizier verwendeten Safran als Heil- und Gewürzmittel. Kennengelernt hatten sie ihn vermutlich von den Indern. Schon in der Antike war er ein Luxusartikel. Weil von den Blütennarben sehr viele gebraucht werden und sie zudem von Hand geerntet werden müssen, ist Safran bis heute das teuerste aller Gewürze. Zum Kochen benötigt man allerdings nur ein paar Fäden. Wegen des hohen Preises hat Safran immer dazu verlockt , ihn zu fälschen oder zu strecken. Reiche Römer streuten Safranfäden auf ihre Hochzeitsbetten - möglicherweise eine Erklärung für den lateinischen Spruch dormivit in sacco croci (er schlief in einem Bett aus Safran), weil Safran die Manneskraft und Fruchtbarkeit steigern soll.

Ob er echt ist, zeigt sich so: legen Sie einen Safranfaden in warmes Wasser. Wenn er sich intensiv rotgelb färbt und anfängt zu duften, ist das Gewürz echt und unverfälscht.

4 Personen
1 kleine Fenchelknolle
½ Lauchstange
1 kleine Zwiebel
2 Fleischtomaten
5 EL bestes Olivenöl
1 gehackte Knoblauchzehe
50 ml trockener Weißwein
100 ml Bio-Gemüsebrühe
6–8 Safranfäden
Salz
Saft einer kleinen Bio-Zitrone
1 TL scharfer Senf
400 g gemischte Mittelmeer-
fischfilets (küchenfertig)
Pfeffer aus der Mühle
frisch gemahlener
Fenchelsamen
gemischte Salatblätter

234 kcal

Mariniertes Lachsfilet

4 Personen
Zubereitungszeit: 30 Minuten
(Marinieren: 24 Stunden)

1 Seite frisches Lachsfilet
(ca. 1 kg, ohne Haut und
Gräten)
12 EL Miso-Paste
4 EL Sake (japanischer Reis-
wein, leicht gezuckert)
6 EL Olivenöl
Bio-Zitrone
frischer Dill

553 kcal

» Misopaste mit Sake glatt rühren. Lachsfilet horizontal bis zur Mitte einschneiden und aufklappen. Fisch innen mit ca. 2 EL der Miso-Mischung
bestreichen und zusammenklappen. Lachs außen mit der übrigen Miso-
Mischung bestreichen, in Frischhaltefolie wickeln und im Kühlschrank
ca. 24 Stunden ziehen lassen.

» Lachs aus der Folie nehmen, Miso-Mischung mit einem Messer vorsichtig
entfernen. Den Fisch quer in 2 cm dicke Scheiben schneiden. In einer beschichteten Pfanne in 2 Arbeitsgängen braten: Je 3 EL Öl erhitzen, Fisch-
stücke darin beidseitig anbraten (insgesamt max. 1 Minute). Fertigen Lachs
im 50 Grad heißen Backrohr warm stellen.

» Lachsstücke mit Zitronenscheiben und Dill anrichten, Baguette dazu
reichen.

E   F

sauer

kühlend

Gut zu wissen
Fettreiche Fischarten wie Makrele, Thunfisch, Hering und Lachs sollten mindestens 2-mal pro Woche auf dem Speiseplan stehen. Sie sind nicht nur reich an
hochwertigem Eiweiß, sondern enthalten auch marine Omega-3-Fettsäuren, die
der Gesundheit auf vielerlei Weise förderlich sind. Sie senken das Cholesterin,
lassen das Blut besser fließen, steigern die Immunabwehr und wirken der Zellalterung entgegen.

Rotes Hühnercurry-Indigo

4 Personen
400 g Hühnerfilet (ohne Haut)
2 rote oder grüne Pfefferoni
1 Stange Zitronengras
2 EL Olivenöl
1 Dose ungesüßte Kokosmilch
(400 ml)
2 TL rote Currypaste
1 Dose Bambussprossen
(140 ml, abgetropft)
2 EL Fischsauce
½ TL Rohrzucker
frischer Koriander
100 g Cashewnüsse – natur
1 roter Paprika (in Streifen
geschnitten)

151 kcal

» Pfefferoni in dünne Scheiben schneiden. Zitronengras von den äußeren Blättern befreien, in dünne Scheiben schneiden. Hühnerfilets der Länge nach halbieren, quer in ½ cm dicke Scheiben schneiden.

» Olivenöl erhitzen, die Hälfte der Kokosmilch zugießen und aufkochen. Currypaste einrühren und bei mittlerer Hitze ca. 15 Minuten köcheln. Fleischstücke und Fischsauce zugeben und kurz mitköcheln.

» Bambussprossen, Zucker und restliche Kokosmilch einrühren. Zitronengras untermischen, das Curry ca. 10 Minuten weiter köcheln. Zuletzt Paprika- und Pfefferonistücke einrühren und weitere 10 Minuten ziehen lassen.

» Cashewnüsse dazugeben.

» Mit frischen Korianderblättern und Paprikastreifen garnieren und mit Jasmin- oder Basmatireis servieren.

KH   E   F

sauer

wärmend

Gut zu wissen
Duft und Wirkung des Korianders waren schon in Babylon bekannt, die Ägypter nutzten ihn medizinisch. Der besondere Wert der Korianderfrüchte besteht in ihrem ätherischen Öl, es enthält viel Coriandrol, das Schmerz stillt und wärmt. Hippokrates verordnete Koriander gegen Verdauungsbeschwerden und Kopfschmerzen, in der chinesischen und indischen Medizin wird er gegen viele Krankheiten eingesetzt, besonders gegen solche, die aus Schwäche resultieren. Deshalb sollte man nach überstandenen Krankheiten verstärkt mit Koriander würzen.

Robiolakäse mit frischen Feigen

4 Personen
250 g Robiola
(italienischer Frischkäse)
4 frische blaue Feigen

Sauce:
1 EL Balsamico-Essig
2 EL Marsala
1 EL Olivenöl
Pfeffer aus der Mühle
Salz
einige Tropfen
dünnflüssiger Honig
Pinienkerne

329 kcal

» Den Frischkäse entweder mit einem heiß abgespülten Messer in vier Scheiben schneiden oder mit Hilfe von zwei Esslöffeln zu vier Nocken formen. Die Feigen mit einem Tuch abreiben und der Länge nach in dünne Scheiben schneiden. Feigen und Käse auf vier gekühlten Tellern anrichten.

» Für die Sauce Essig und Marsala verrühren, Olivenöl unterrühren und mit Pfeffer, Salz und Honig abschmecken. Die Pinienkerne ohne Fett rösten. Die Sauce über Käse und Feigen träufeln. Pinienkerne darüberstreuen.

KH E   F   neutral   ausgeglichen

Gut zu wissen
Im antiken Griechenland galten Feigen als Symbol für Rausch und Lebensfreude. Auch heute noch sind sie Sinnbild für Fruchtbarkeit und Laszivität.
Diese sinnlichen Früchte zaubern schnell Antriebslosigkeit weg und verbessern die Stimmung durch Mangan und Zink. Außerdem enthalten sie Molybdän und machen so – wie der Spargel – Lust auf Liebe, stärken die Nerven und halten geistig fit. Außerdem besitzt die Feige die höchsten basischen Werte unter allen Früchten und hilft so gegen die Übersäuerung des Körpers.

Flambierte Bananen mit Orangensauce

4 Personen
4 reife Bananen
100 g Butter
100 g brauner Zucker
1 Bio-Zitrone
3 Bio-Orangen (unbehandelt)
60 ml Orangenlikör

Garnitur:
125 ml Sahne
geröstete Mandelblättchen

533 kcal

» Schale von einer Orange abreiben, Orangen und Zitrone auspressen. Sahne halbfest schlagen und kalt stellen. Bananen schälen und der Länge nach halbieren. Die Hälfte der Butter in einer Pfanne erhitzen, Bananen darin beidseitig anbraten.

» Im Bratrückstand restliche Butter erhitzen, Zucker einstreuen und schmelzen lassen. Orangen- und Zitronensaft sowie Orangenschale zugeben, die Sauce 2–3 Minuten einkochen. Likör einrühren, entzünden und kurz flambieren. Bananen in die Sauce legen und kurz ziehen lassen.

» Bananen anrichten, mit halbfest geschlagener Sahne und gerösteten Mandelblättchen garnieren.

KH   E   F | basisch | kühlend

Gut zu wissen

Die WHO nennt die Banane die „Frucht der Früchte", weil man sich tagelang von ihr ernähren könnte, ohne Mangel zu leiden. Neben ihrer Eigenschaft als guter Energiespender enthalten Bananen auch sehr viel Kalium. Daher werden Bananen Patienten empfohlen, die an Kaliummangel leiden, der sich in Muskel-, Nerven- und insbesondere Herzproblemen äußern kann.
Wegen ihrer leichten Verdaubarkeit eignen sich Bananen bei der Behandlung von Darmbeschwerden wie zum Beispiel Durchfall. Ungewöhnlich an Bananen ist, dass sie auch bei Verstopfung wirken.

Äpfel mit Nussfüllung

» Wein, Wasser, Zucker und Saft von ½ Zitrone verrühren und bei schwacher Hitze zustellen.

» Äpfel waschen, von jedem einen Deckel abschneiden. Kerngehäuse ausstechen, mit einem kleinen Löffel aushöhlen – es sollte eine ca. 2 cm dicke Wand stehen bleiben. Äpfel schälen, mit dem restlichen Zitronensaft beträufeln, zusammen mit den Deckeln in die Weinmischung legen und aufkochen. Vom Herd nehmen und zugedeckt ca. 1 Stunde ziehen lassen.

» Milch mit Zucker und Butter aufkochen, Nüsse, Honig, Vanillezucker und 1 Prise Zimt einrühren, Masse unter Rühren kurz rösten.

» Äpfel aus dem Fond heben, auf einem Küchentuch abtropfen lassen, mit der Nussmasse füllen, mit den Deckeln belegen und anrichten.

KH E F A

sauer

ausgeglichen

Gut zu wissen

An apple a day keeps the doctor away – um die Wirkung von Äpfeln wusste man immer schon. Äpfel sind Naturmedizin gegen viele gesundheitliche Probleme. Äpfel können durch den hohen Gehalt an Vitamin C und Quercetin zur Krebsvorsorge beitragen. Sie senken auch den Cholesterinspiegel und halten den Blutzuckerspiegel konstant. Außerdem sind sie reich an Antioxydantien.

4 Personen
4 mittelgroße Bio-Äpfel
250 ml trockener Weißwein
250 ml Wasser
100 g Zucker oder Stevia
Saft von 1 Bio-Zitrone

Füllung:
125 ml Milch oder Hanfmilch
50 g brauner Zucker oder Stevia
20 g Butter
250 g geriebene Walnüsse
20 g Honig
½ Päckchen Vanillezucker
Zimt

608 kcal

Menü für gute Gedanken und Ideen

Höchstkonzentriert arbeiten, blitzschnell reagieren und ein Top-Gedächtnis haben – dafür gibt es zwar keine Wundermahlzeit, aber mit der richtigen Auswahl der verschiedenen Gänge kann auch ein Festmenü dazu beitragen, Ihre Leistungsfähigkeit zu erhalten bzw. zu steigern und die grauen Zellen langfristig zu schützen. Belohnen Sie sich nach intensiven Arbeitsperioden mit einem besonderen Menü, das Ihnen wieder neue Schaffenskraft gibt.

Exotische Fischspieße mit Kokossauce

4 Personen
500 g Seeteufel oder
Zanderfilets
1 kleine Chilischote
Saft von einer Limette
400 g exotische Früchte
(Karambole, Papaya und
Mango)
8 Stangen Zitronengras
(ersatzweise Holz oder
Metallspieße)

Sauce und Garnitur:
150 ml ungesüßte Kokosmilch
(Dose)
2 EL Sahne
3 EL geröstete Pinienkerne
Salz, Pfeffer aus der Mühle
Olivenöl

190 kcal

» Chili entkernen und klein schneiden.

» Fischfilets in ca. 1 cm dicke Scheiben schneiden, pfeffern, mit Chili bestreuen, mit Limettensaft beträufeln und einige Minuten ziehen lassen.

» Backrohr auf 50 Grad vorheizen. Früchte in Stücke schneiden, abwechselnd mit den Fischstücken auf die Zitronengras-Stängel stecken.

» Spieße salzen, in etwas Olivenöl rundum braten. Aus der Pfanne heben und im Rohr warm stellen.

» Bratfett abgießen, Bratrückstand mit Kokosmilch ablöschen und aufkochen, reduzieren. Dann salzen und pfeffern.

» Die Fischspieße mit der Kokos-Sauce anrichten und mit den Pinienkernen bestreut servieren.

» Dazu Ciabatta-Brot reichen.

KH   E   F   neutral   ausgeglichen

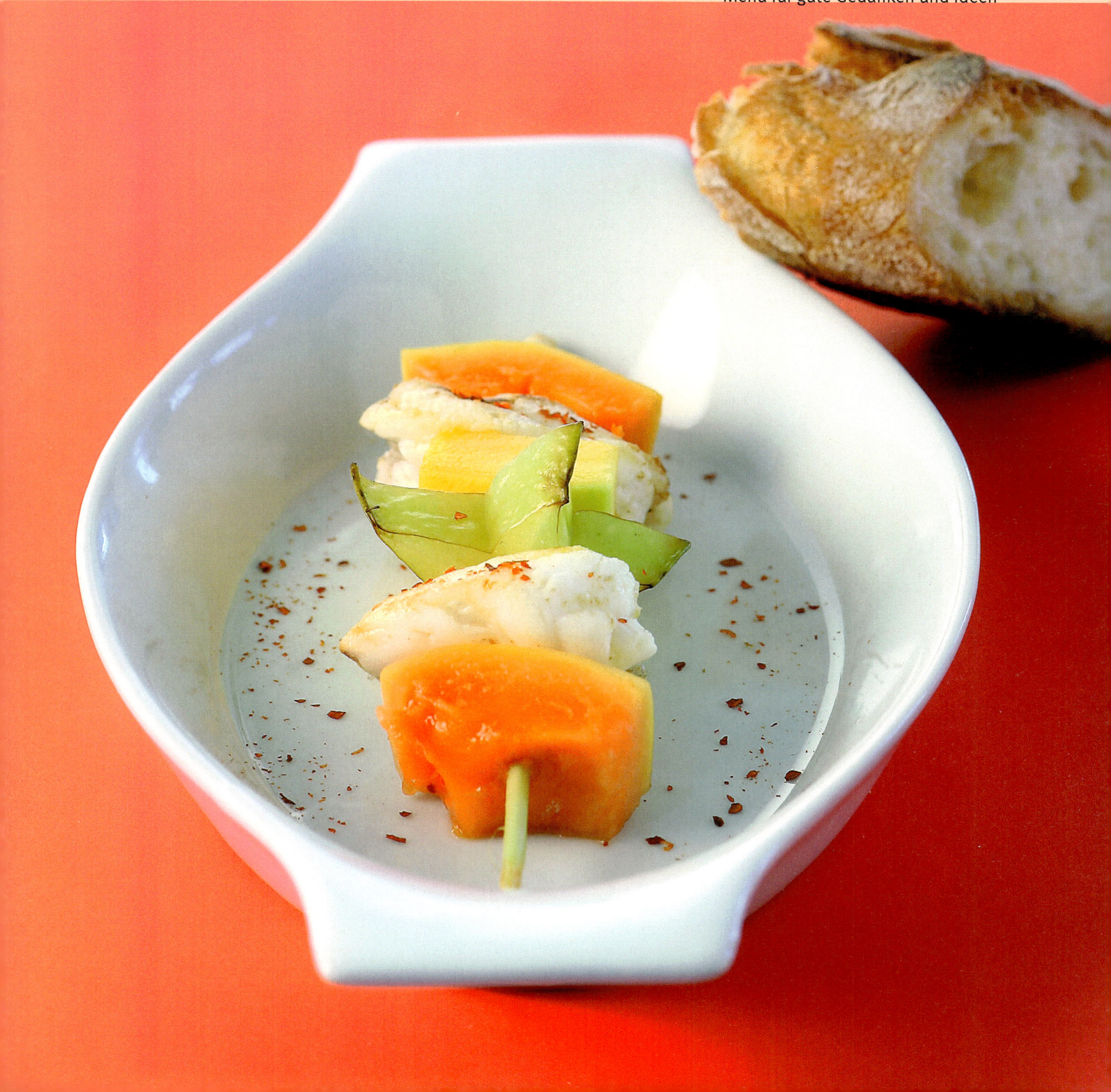

Apfelcrêpes mit Nussbutter

4 Personen
Crêpe-Teig:
250 ml Milch oder Hanfmilch
120 g Dinkel, fein gemahlen
2 Bio-Eier
1 Eigelb
1 Prise Salz
4 EL Sahne
20 g zerlassene Butter

Fülle:
4 größere aromatische
Bio-Äpfel
1 EL Butter
1 EL Honig
1 EL trockener Weißwein
1 Messerspitze Bourbonvanille
etwas Calvados

Nussbutter:
je 1 EL Walnüsse und
Haselnüsse, grob geschnitten
Mandeln gestiftelt
Pinienkerne
1 EL Butter
2 EL Honig
125 ml Sahne

524 kcal

» Für die Crêpes sämtliche Zutaten zu einem glatten Teig rühren und 20 Minuten ruhen lassen.

» Inzwischen alle übrigen Zutaten bereitstellen: Äpfel schälen, entkernen und in dünnere Spalten schneiden. Butter, Honig, Weißwein und Vanille in einer größeren Pfanne erwärmen. Apfelspalten zugedeckt kernig-weich dünsten. Mit etwas Calvados parfümieren.

» Eisenpfanne ohne Fett erhitzen, mit Crêpeteig dünn ausgießen, anbacken, wenden und fertig backen. Die Crêpes zur Hälfte mit Apfelspalten belegen und zusammenfalten.

» Die Nüsse in der Butter leicht rösten, Honig beigeben und Sahne einrühren. Nur noch kurz aufkochen lassen. Die Crêpes mit Nussbutter überziehen, eventuell mit Preiselbeeren garnieren.

Variante

» Zur Abwechslung können Sie auch Birnencrêpes zubereiten. (Die Birnen mit etwas Williams parfümieren.)

 KH E F  neutral  ausgeglichen

Dem Stress entgegenwirken

In einer Situation der Anspannung, wenn der Organismus auf eine sympathische Innervationslage zum Zwecke von Angriff oder Flucht umschaltet, ist Essen eigentlich völlig unpassend. Dazu bräuchte es vor allem Ruhe, Regeneration und Verdauung.

Heute leben sehr viele Menschen in einer Art Dauerstress und müssen trotzdem essen. Sie stehen mit dem Fuß auf dem Gas (Sympathikus) und haben die Bremse (Parasympathikus) völlig vergessen. Wenn man in solch einer ungeeigneten Situation schon essen muss, ist es am besten, ein sehr leichtes Essen zu wählen, das rasch verdaut ist. Es sollte nicht lange und schwer im Magen liegen und diesen und den übrigen Verdauungstrakt und das ganze Leben belasten. Tatsächlich hat der Organismus im Stress nur ein Ziel, nämlich wieder einen entspannten, stressfreien und damit für Regenerationsmaßnahmen geeigneten Zustand zu erreichen. Alles, was ihm das ermöglicht, ist folglich gut.

erstress sollten eher vollwertige Kohlenhydrate zugeführt werden. Ideal wäre die Gute-Laune-Mischung (siehe Seite 62). Aber auch beim Fastfood gibt es einen neuen Trend – das Indigo-Konzept: frisches, vitamin- und mineralstoffreiches Essen ohne Konservierungsstoffe – Currys mit Basmatireis, Magische Krautsuppe, Veggies, Salate – Feel good Food für Stressgeplagte mit Körperbewusstsein.

Entscheidend ist auch, inmitten des Trubels trotzdem einen ruhigen Moment für das Essen zu finden, in dem wenigstens innerlich Ruhe eintreten kann, auch wenn äußerlich die Hektik weiter tobt. Das ist am ehesten über Meditationen und entsprechende Exerzitien zu erreichen.

Entspannung ist wichtiger als essen

Entgegen allen Aussagen der Werbeindustrie gibt Essen in solchen angespannten Momenten gerade keine langfristige Kraft, sondern verstärkt den Stress für das Gesamtsystem. Die typischen kleinen, hoch kalorischen Riegel, die sich moderne Menschen an Tankstellen holen und auf dem Rückweg zum Auto in den Mund schieben, sind alles andere als sinnvoll. Zwar erhöhen sie wirklich rasch den Blutzuckerspiegel, was sich für kurze Zeit gut anfühlt und eine Illusion von echter Energie vermittelt. Die Rache ist allerdings in diesem Fall weniger süß und kommt mit unerbittlicher Sicherheit. Über den durch solche kleinen Kalorienbomben aus hochraffinierten Kohlenhydraten und Fett ausgelösten Insulinschub entwickelt sich bald nach der „Mahlzeit" eine Unterzuckerung des Blutes. Diese zeigt sich subjektiv als Reizbarkeit, Fahrigkeit, Konzentrationsmangel und Genervtsein.

Sinnvoll könnte man den Organismus in solch angespannten Lebenslagen durch die Zufuhr von genug gutem Wasser unterstützen. Bei Dau-

Hühnersuppe – Indigo

» Das Huhn in einen großen Topf geben, vollständig mit kaltem Wasser bedecken. Das Wasser bis kurz vor dem Siedepunkt erhitzen und das Suppenhuhn ca. 1 Stunde bei gleichbleibender Temperatur darin ziehen lassen.

» Gemüse putzen, in grobe Stücke schneiden und mit Lorbeer, Thymian,
Knoblauch, Pfeffer- und Pimentkörnern in den Topf geben. Eine weitere
halbe Stunde ziehen lassen.

» Falls sich Trübstoffe bilden, diese mit einer Schaumkelle abschöpfen.

» Suppennudeln kochen.

» Gemüse herausnehmen, kalt abschrecken und in mundgerechte Stücke
schneiden.

» Fleisch von den Knochen lösen und ebenfalls in Stücke schneiden.

» Die Brühe durch ein feines Sieb gießen, mit Salz und Pfeffer abschmecken.

» In vorgewärmte Teller Nudeln, Fleisch, Gemüse und 1 Prise frische Muskatnuss geben, mit der Hühnersuppe auffüllen, ev. mit frischem Schnittlauch
bestreuen.

E   F   basisch   wärmend

6 Personen
1 Suppenhuhn (ca. 1 kg)
1 Karotte
2 Zwiebeln
2 Stangen Staudensellerie
½ Stange Lauch
1 ungeschälte Knoblauchzehe
1 Lorbeerblatt
2 Thymianzweige
1 TL schwarze Pfefferkörner
5–6 Pimentkörner
Salz, Pfeffer aus der Mühle
frisch geriebene Muskatnuss
Suppennudeln
Schnittlauch

447 kcal

Holzofenbrot-Toast mit Avocado und Mozzarella

» Backrohr auf 200 Grad vorheizen, Kirschtomaten halbieren, auf ein Back-blech geben und mit Olivenöl, Balsamico, Zucker, Fleur de Sel und Pfeffer würzen. Rosmarinnadeln fein hacken, darüberstreuen und alles gut mi-schen. Etwa 15 Minuten im Backrohr schmoren lassen, dann herausneh-men.

» Avocado halbieren, entkernen und schälen. In kleine Stückchen schneiden (nicht pürieren), mit etwas Zitronensaft, Olivenöl, Salz und frisch gemahle-nem Pfeffer abschmecken. Mozzarella in dünne Scheiben schneiden.

» Pinienkerne ohne Fett leicht rösten.

» Das Holzofenbrot entrinden und in 12 gleich große Scheiben schneiden. Vier Brotscheiben mit etwas Olivenöl und Avocadopaste bestreichen und mit Mozzarella belegen. Mit einer weiteren Brotscheibe abdecken und den Vorgang wiederholen. Mit einer Brotscheibe abschließen.

» Die Brote im Backrohr bei starker Oberhitze von beiden Seiten toasten. Auf Teller geben, mit Pinienkernen bestreuen und mit den lauwarmen Kirsch-tomaten servieren.

KH   E   F

basisch   ausgeglichen

4 Personen
1 reife Avocado
bestes Olivenöl
Saft von ½ Bio-Zitrone
Salz (Fleur de Sel), Pfeffer aus der Mühle
50 g Pinienkerne
300 g Büffelmozzarella
Holzofenbrot

500 g Kirschtomaten
3 EL Olivenöl
2 EL Balsamico
1 EL Rohrzucker
Fleur de Sel, Pfeffer aus der Mühle
1 Zweig Rosmarin

616 kcal

Gut zu wissen
Gerade in Stresssituationen sollten hochwertige Kohlen-hydrate zugeführt werden. Und nicht vergessen: Reichlich trin-ken, am besten gutes Wasser.

Spaghetti alla trapanese

» Vollkornspaghetti in reichlich Salzwasser al dente kochen. Währenddessen die Mandeln in einer Pfanne ohne Fett leicht erwärmen und anschließend in einem Mörser oder Mixer zerkleinern.

» Die geschälte Knoblauchzehe und das Basilikum getrennt voneinander ebenfalls im Mörser klein reiben und zu den Mandeln in eine Schüssel geben, vermischen. Parmesan, Olivenöl, Salz und Pfeffer dazugeben.

» Tomaten halbieren und mit den Händen untermengen. Die Masse richtig durchkneten, so dass sich kleine Stücke ergeben. Dann mit etwas Olivenöl geschmeidig rühren.

» Die Nudeln abseihen und sofort mit der Sauce vermischen, mit Salz und Pfeffer abschmecken. In tiefe Teller verteilen und mit frischen Basilikumblättchen garnieren.

KH   E   F

neutral

ausgeglichen

4 Personen
500 g Vollkornspaghetti
150 g Mandeln
1 Knoblauchzehe
2 Bund frisches Basilikum
150 g frisch geriebener
Parmesan
bestes Olivenöl
500 g reife Tomaten
Salz, Pfeffer aus der Mühle

825 kcal

Gut zu wissen
Einer amerikanischen Studie zufolge sind Tomaten mit Mozzarella und frischem Basilikum das ideale „Kopffutter" für geistige Fitness zur Prüfungszeit.

Gebratener Zander mit Lavendelblüten

» Die Zanderfilets mit der Haut nach unten auf eine Platte legen. Mit Salz, Pfeffer, Limettensaft und -schale sowie den ausgezupften Lavendelblüten würzen und einige Zeit ziehen lassen.

» Die Filets abstreifen und bei mittlerer Hitze mit der Haut nach unten in der Pfanne kross braten. Auf Tellern anrichten, mit Lavendelblütenrispen belegen und mit den Limettenfilets garnieren.

Mein Tipp

» Zitronennudeln kochen, Fisch warm stellen, Nudelwasser in die Fischpfanne geben und reduzieren. Die Nudeln kurz darin schwenken, salzen und evtl. noch mit etwas Butter und Limettensaft abschmecken.

E   F

sauer

wärmend

4 Personen als Vorspeise
4 kleine Zanderfilets mit Haut
Salz, Pfeffer aus der Mühle
1 Limette (abgeriebene Schale und Saft)
ca. 30 ausgezupfte Lavendelblüten
Butter zum Braten
4 Lavendelrispen zum Dekorieren
8 Limettenfilets

62 kcal

Gut zu wissen
Das ätherische Öl des Lavendels wirkt nervenberuhigend und entspannend und hilft auch bei nervösen Magen-Darm-Störungen.

Gebratene Früchte

» Früchte schälen, entkernen und in gleich große Stücke schneiden. Vanilleschote der Länge nach aufschneiden, Orangensaft pressen.

» In einer Pfanne 2 EL Butter mit der Vanilleschote erhitzen. Die Früchte einlegen und glacieren. Mit Orangensaft ablöschen. Vanilleschote herausnehmen, das Mark aus der Schote kratzen und mit den Früchten vermischen.

» Die Früchte auf Tellern verteilen, evtl. mit einer Kugel Vanilleeis servieren.

KH   F

basisch

kühlend

4 Personen
1 reife Mango
1 Babyananas
2 Kiwis
1 reifer weißer Pfirsich
weitere festfleischige Früchte der Saison
1 Vanilleschote
1 Bio-Orange
Butter

133 kcal

Essen für gute Stimmung

Moodfood – dieser neue Spezialausdruck steht für eine Ernährungsform, die gute Stimmung erzeugt, welche – das ist heute sicher – vom Gehirn ausgeht. In die geheimnisvolle Welt der Botenstoffe, die zwischen den Nervenzellen vermitteln, hat die Wissenschaft in letzter Zeit einiges Licht gebracht. Unter diesen so genannten Neurotransmittern steht das Serotonin, was unsere Stimmung angeht, offenbar an oberster Stelle.

Gute Stimmung ist essbar

Serotonin ist ein Botenstoff, der deutlichen Einfluss auf unser Schmerzzentrum nimmt und auch die Hunger- und Sättigungsmechanismen beeinflusst. Vor allem verbindet Serotonin aber die Nervenzellen untereinander, nimmt Einfluss über das von ihm abhängige Hormon Melatonin auf den Schlaf-Wach-Rhythmus und kann das Herz-Kreislauf-System beeinflussen.

Wegen seiner schmerzlindernden Wirkung hat Serotonin zuerst das Interesse der Wissenschaftler geweckt. Wenn sein Spiegel im Gehirn hoch ist, spürt der Betreffende kaum Schmerz, ist dafür ziemlich glücklich und frei von Hunger. Serotonin scheint uns gleichsam von all dem, was heute unter dem Begriff Stress Weltruhm erlangt hat, abzuschirmen.

Bekannt ist seit Langem, dass Schmerzen unter Stress deutlich stärker werden. Und Stresserfahrungen scheinen wie wenig anderes Serotonin zu verbrauchen. Bei einem Überfluss von Serotonin im Gehirn, wie er vor allem bei Designerdrogen oder durch die so genannten Serotonin-Wiederaufnahme-Hemmer vom Typ des Medikamentes Prozac (bei uns Fluktine) auftritt, haben die Betroffenen das Empfinden einer deutlichen Stimmungsaufhellung, bis hin zu ekstatischen Glücksgefühlen. Prozac hindert den Organismus, einmal ausgeschüttetes Serotonin wieder aufzunehmen, weshalb es länger wirksam bleibt und die Stimmung dauerhaft hebt. Die Designer-Droge Ecstacy hingegen führt zu einer abrupten Ausschüttung allen verfügbaren Serotonins, was die ekstatischen Glücksgefühle und das Empfinden einer Herzöffnung mit all den damit einhergehenden Liebesgefühlen hervorbringt.

Die Serotonin-Falle

Auch bei bürgerlichen Menschen, die die Einnahme von Drogen verabscheuen und keine Antidepressiva einnehmen würden, dreht sich trotzdem viel mehr um Serotonin, als den meisten bewusst ist. Wer schon einmal erlebt hat, wie er beim Schokoladenaschen kein Ende mehr finden konnte, war ebenso in der Serotonin-Falle wie jene Bananenfans, die von dieser Frucht fast leben. Auch wer dem Spaghettirausch verfällt, ist unbewusst auf Serotoninsuche. Das Problem ist, dass Serotonin auf direktem Weg gar nicht ins Gehirn, den Ort seiner zauberhaften Wirkung, gelangen kann. Das gelingt nur seiner Vorstufe, der Aminosäure L-Tryptophan, und auch nur unter besonderen Umständen.

Sie gehört zu den essenziellen Aminosäuren, was bedeutet, dass sie von außen zugeführt werden muss. Das ist aber leider noch nicht die Lösung, denn zugeführtes Tryptophan gelangt nur sehr spärlich ins Gehirn. Das Hindernis ist in diesem Fall die so genannte Blut-Hirn-Schranke, deren wichtige Aufgabe es ist, nicht alles, was im Blut kreist, auch in die Zentrale zu lassen. Die Blut-Hirn-Schranke schützt unser Gehirn eigentlich vor gefährlichen Substanzen, aber manchmal eben auch vor erhebenden Erfahrungen. Serotonin kann die Schranke gar nicht passieren, L-Tryptophan nur sehr beschränkt, da es beim Durchschleusungsprozess mit anderen Aminosäuren konkurriert, die ihm den Rang ablaufen.

Da es sich bei L-Tryptophan um eine Aminosäure handelt, könnte man glauben, es müsste reichen, genug Fisch und Fleisch – eben eiweißreiche Nahrung – zu sich zu nehmen, um ausreichend mit Serotonin versorgt zu werden. Das ist aber genau der falsche Weg, der weder zu beschwingtem Lebensgefühl noch zur Stimmungsaufhellung führt.

Um den Serotoninspiegel zu erhöhen, muss mehr L-Tryptophan ins Gehirn eindringen. An der Blut-Hirn-Schranke herrscht Konkurrenz um die Transportsysteme, auf die L-Tryptophan angewiesen ist. Verwirrenderweise hängt die L-Tryptophan-Konzentration im Gehirn viel mehr vom Kohlenhydrat- als vom Eiweißkonsum ab. Kohlenhydratreiche Ernährung fördert nach Professor Hamm die Serotonin-Bildung im Gehirn.

Nach langen Fastenzeiten gibt es große Lust auf Brot, aber nie auf Fleisch oder Fett. Kohlenhydrate machen bei weitem glücklicher als andere Nahrungsbestandteile.

Das hat verschiedene Gründe: L-Tryptophan kommt im Eiweiß in relativ geringer Konzentration vor und hat deshalb bei der harten Konkurrenz um die Transporter wenig Chancen, mitgenommen zu werden. In der Konsequenz verringert sich bei eiweißreicher Kost die Serotonin-Konzentration im Gehirn sogar.

Durch essen die Stimmung heben

Wenn wir eine kohlenhydratreiche Mahlzeit zu uns nehmen, steigt der Blutzucker und in der Konsequenz auch der Insulinspiegel. Insulin fördert aber nicht nur die Aufnahme von Zucker in die Zellen, sondern öffnet auch den Zugang zur Skelettmuskulatur für langkettige Aminosäuren mit verzweigter Struktur. Damit sind sie für das nicht verzweigtkettige Tryptophan aus dem Weg und fallen als Konkurrenten aus. L-Tryptophan hat nun leichteres Spiel, ins Gehirn zu gelangen. Dort kann es – zu Serotonin umgebaut – unsere Stimmung heben. Subjektiv wirkt es seine Wunder auch am Herzen und in unserer Gefühlswelt, objektiv ist der Angriffspunkt aber das Gehirn. Hier kann es Hunger und Schmerz besänftigen, weshalb seine Aktivierung auch eine empfehlenswerte Maßnahme zur Gewichtsreduktion ist.

In Verbindung mit Fett kann Zucker ebenfalls zu einer günstigen Verschiebung des Verhältnisses beitragen, womit wir dem Geheimnis der Schokolade ein wenig näher kommen.

Das Richtige zum richtigen Zeitpunkt

Im Winter haben wir einen stärkeren Bedarf an Melatonin, das auf Serotonin als Hauptbaustein angewiesen ist und dieses folglich verbraucht. Deshalb haben wir (physio-)logischerweise weniger Serotonin und Lebensfreude zur Verfügung. Das wiederum kann den in der dunklen Jahreszeit ansteigenden Hunger auf Süßigkeiten und vor allem auf Schokolade erklären. Man geht davon aus, dass Zucker und Licht einen ver-

gleichbaren stimmungsaufhellenden Effekt haben. Weniger Licht führt so zu mehr Zucker. Mehr Licht – wie im Hochsommer – macht andererseits den Verzicht auf Süßes leichter.

So können wir – mit einiger Raffinesse – essend einiges für unsere Stimmung tun. Wenn eine L-Tryptophan-arme Ernährung die Schmerzschwelle senkt und uns so schmerzempfindlicher macht und unsere Stimmung runterzieht, muss auch das Gegenteil gelten.

Wohlbefinden aus der Natur

Ein Privatgelehrter namens Rolf Ehlers hat eine getrocknete, fein gemahlene Rohkostvariante entwickelt, die aus all der kompliziert anmutenden Biochemie eine genial einfache Kost zur gesunden Stimmungsaufhellung und allgemeinen Gesundung macht.

Er hat eiweißreiche Pflanzen, die der Serotoninproduktion besonders Vorschub leisten, ausgewählt und in eine leicht verzehrbare und gut verdauliche Form gebracht. Es kommen vor allem drei bei uns ziemlich unbekannte Gewächse in Frage. Topinambur, Quinoa und Amaranth sind Pflanzen, deren Aminosäuremischung besonders geeignet ist, L-Tryptophan die Passage durch die Blut-Hirn-Schranke zu erleichtern und es in unser Stimmungsleben einzuschleusen.

Als fein vermahlene Mehle können die „Gute-Laune-Mischungen" in wässriger Lösung den Magenpförtner rasch passieren und werden im Dünndarm – inklusive ihres Eiweißanteiles – schnell verstoffwechselt. Geschieht das auf nüchternen Magen, wird sich – auf Grund des geringen Energieangebotes im Blut – die Skelettmuskulatur das Gros der enthaltenen Aminosäuren Valin, Leucin, Isoleucin, Tyrosin und Phenylalanin schnappen. Damit sind die Haupt-

konkurrenten für L-Tryptophan aus dem Feld geschlagen, zumal diesem auf Grund seiner räumlichen Struktur der Weg in die Skelettmuskulatur verstellt ist. Es kann nun fast konkurrenzlos ins Gehirn gelangen, wo es zu Serotonin umgebaut wird. Voraussetzung dabei ist allerdings, dass die Mischung auf nüchternen Magen genommen wird. Danach ist längere Zeit kein Essen notwendig und sinnvoll.

Die Gute-Laune-Mischung aus Quinoa, Amaranth und Topinambur ist fix und fertig bei www.Aminas.de zu bestellen und dort in verschiedenen Geschmacksrichtungen lieferbar. Sie hat sich bei uns und einigen Ernährungspionieren über viele Monate bewährt. Hier haben wir im Übrigen zum ersten Mal eine (bio-)logische Erklärung, warum uns Rohkost so gut tut und unsere Stimmung anhebt. Allerdings muss man sie dazu natürlich verdauen können. Die gemahlene und getrocknete Darreichungsform wird nach unseren Erfahrungen fast immer vertragen und scheint sich auch als eigene Therapie für überforderte Zivilisationsdärme zu erweisen. Da die Halbwertzeit (die Spanne, bis die Wirkung auf die Hälfte sinkt) bei Serotonin 21 Stunden beträgt, kann man mit einer einmaligen Einnahme die Stimmung rund um die Uhr heben, ohne auch nur die Spur eines Medikamentes einzunehmen.

Schnell und effizient
Beerenernte
» 1 EL Gute-Laune-Mischung mit 250 ml Soja-Vanillemilch und 1 EL frischem Apfelmus schaumig aufmixen. Ersatzweise andere Früchte oder Beeren verwenden.

» 1 EL in 125 g Bio-Waldbeerenjoghurt einrühren und mit 2 EL frischen Beeren vermischen.

Kakao-Nuss-Mischung
» 1 EL Gute-Laune-Mischung in 125 g Vanillejoghurt einrühren und mit 1 EL Nuss-Mandel-Crunchy vermischen.

» 1 EL in 125 g Joghurt einrühren und mit 1 TL Honig und gehackten Walnusskernen vermischen. Mit Zimt bestreuen.

» 1 EL mit 250 ml Soja-Vanillemilch und einer halben reifen Banane schaumig aufmixen.

Grüne Vitalität
» 1 EL Gute-Laune-Mischung mit 250 ml Hanf- oder Sojamilch und einer reifen Tomate schaumig aufmixen.

» 1 EL mit 100 g Magerquark und 1 EL kaltgepresstem Leinöl verrühren, evtl. etwas Sahne zugeben, damit sich eine cremige Konsistenz ergibt. Nach Belieben mit frischen Kräutern und Pfeffer aus der Mühle abschmecken.

Topinamburchips

» Topinamburs in hauchdünne Scheiben hobeln (wie Kartoffelchips) und sofort im heißen Öl ausbacken. Sind die Chips hellbraun und knusprig, auf einem Küchenpapier zum Abtropfen ausbreiten und leicht salzen.

» Eine kleine Köstlichkeit zum Knabbern, als Garnitur von Salaten oder zu Cocktails.

1 Person
Topinamburs, geschält
Öl zum Ausbacken
Salz

111 kcal

KH E   F   basisch   ausgeglichen

Gut zu wissen
Topinambur eignet sich ausgezeichnet als Spezialkost für Diabetiker. Ähnlich dem Insulin senkt der Topinambur, welcher das Kohlenhydrat Inulin enthält (nicht zu verwechseln mit dem Hormon Insulin), erhöhte Blutzuckerwerte. Topinambur enthält Kalzium, Eisen, Phosphor, viel Vitamin B und C sowie Karotin zum Aufbau des Vitamin A.
Die Verwendung ist vielseitig. Die Knollen können nach sämtlichen Kartoffelrezepten, also gedämpft, gedünstet, gekocht, gebraten, gebacken, püriert werden. Sie können die Knolle auch roh, als Salat oder als Dessert verarbeiten.

Rote Chips

» Rote Rübe schälen, in dünne Scheiben schneiden (z. B. mit dem Gurkenhobel), trockentupfen und in heißem Öl knusprig backen.

» Rübenchips auf Küchenpapier abtropfen lassen, vor dem Anrichten leicht salzen.

1 Person
1 rote Rübe (200 g)
Öl und Salz

163 kcal

KH   E   F   basisch   ausgeglichen

Kartoffelsuppe mit Gänseblümchen

4 Personen
300 g mehlige Kartoffeln
100 g Butter
200 ml Sahne
Muskatnuss
Salz, Pfeffer aus der Mühle
200 ml kräftige Consommé
Gänseblümchen

396 kcal

» Kartoffeln schälen, achteln und in gut gesalzenem Wasser garen. Anschließend durch ein Sieb drücken, noch heiß auf dem Herd mit zerlassener Butter und Sahne glatt rühren, mit Muskatnuss, Salz und Pfeffer abschmecken. Anschließend die Consommé darunter rühren und einmal aufkochen lassen. Suppe in tiefe Teller füllen und Gänseblümchenblüten darüberstreuen.

KH E   F   basisch   wärmend

Gebeizter Lachs mit Kartoffelrösti

4 Personen
100 g Salz
100 g Pökelsalz
100 g Zucker oder Stevia
1 TL gestoßener weißer Pfeffer
1 TL Bio-Zitronenschale,
gehackt
250 g Dill, gehackt
1 TL Wacholderbeeren
1 Seite frischer Lachs
(ca. 800–1000 g)

Kartoffelrösti:
2 große Kartoffeln
Salz
frisch gemahlener Pfeffer
2 EL Öl

689 kcal

» Salz, Pökelsalz, Zucker, Pfeffer und Zitronenschale gut vermischen. Den gehackten Dill und die zerdrückten Wacholderbeeren dazugeben. Mit dieser Mischung den Lachs einreiben und mit Folie abgedeckt im Kühlschrank 24–36 Stunden ziehen lassen. Da nicht jeder Lachs die Gewürze gleichmäßig aufnimmt, sollten sie den Fisch nach 24 Stunden probieren, um herauszufinden, ob er genügend gebeizt ist. Dann aus der Marinade nehmen und mit Wasser gut abspülen. Anschließend den Lachs für eine Stunde in Milch legen, dadurch wird er weich, denn das Salz hat ihm während des Beizens Flüssigkeit entzogen.

» Für die Rösti rohe Kartoffeln schälen, in streichholzförmige Streifen schneiden, abtrocknen, mit Salz und Pfeffer würzen. In einer kleinen Pfanne das Öl erhitzen, die Kartoffeln einschichten und goldgelb braten.

» Die Kartoffelrösti auf Teller verteilen und den in feine Tranchen geschnittenen Lachs darauf anrichten.

KH   E   F   sauer   kühlend

Lauwarmer Nudelsalat mit roh marinierten Steinpilzen

4 Personen
Nudelteig:
200 g Mehl
100 g Hartweizengrieß
1 Bio-Ei
3 Eigelb
3 EL Milch
3 EL Wasser
2 EL Öl
Salz

250 g feste, kleine Steinpilze
1 Handvoll Feldsalat
Basilikumblätter,
fein geschnitten

Dressing:
Balsamico-Essig
Salz, Pfeffer aus der Mühle
Olivenöl

Marinade:
1 Spritzer Rotweinessig
Salz
frisch gemahlener Pfeffer
Olivenöl

622 kcal

Gut zu wissen
Richtige Kohlenhydrate –
beispielsweise aus Vollkorn-
produkten oder Nüssen –
fördern die Serotonin-
Bildung im Gehirn und
sind Treibstoff für unsere
Muskeln.

» Für den Teig das Mehl auf ein Backbrett sieben. Grieß, Ei, Eigelb sowie Milch, Wasser, Öl und Salz untermischen und alles so lange verkneten, bis der Teig glatt und glänzend ist. Diesen zu einer Kugel formen, mit einem Tuch abdecken und etwa 1 Stunde bei Zimmertemperatur ruhen lassen.

» Teig in 4 große Stücke teilen, diese nacheinander durch die Nudelmaschine drehen. Die Platten auf ein Küchentuch legen. Danach die Maschine so einstellen, dass Sie möglichst dünne Teigplatten erhalten, und die Walze einlegen, die zum Nudelschneiden verwendet wird. Teigstücke noch einmal durch die Maschine drehen. Anschließend die Nudeln auf ein bemehltes Küchentuch legen.

» Für das Dressing Balsamico, Salz und Pfeffer verrühren. Das Olivenöl unterschlagen und für die Garnitur den Feldsalat durch das Dressing ziehen.

» Steinpilze putzen, die Kappen mit einem feuchten Tuch abwischen und die Pilze in feine Scheiben schneiden. Für die Marinade den Rotweinessig mit Salz und Pfeffer verrühren, danach das Öl untermischen. Die Pilze vorsichtig mit der Marinade vermengen.

» Etwa 3 Liter Wasser zum Kochen bringen und salzen. Darin die Nudeln in etwa 2 Minuten bissfest garen, durch ein Sieb abgießen und kurz überspülen. Die lauwarmen Nudeln im Dressing kurz marinieren und auf Teller verteilen.

» Steinpilze auf die Nudeln legen und mit dem fein geschnittenen Basilikum bestreuen. Den Feldsalat daneben anrichten.

Mein Tipp:
» Frische Steinpilze sollten Sie nicht länger als 2–3 Tage aufbewahren. Beim Kauf müssen sie schön fest und trocken sein.

KH   E   F   sauer   kühlend

Grüne Bohnen mit Sambal-Garnelen

4 Personen
20 küchenfertige Garnelen mit Schale
1 unbehandelte Bio-Zitrone
150 g Bio-Joghurt
Salz
500 g grüne Bohnen
½ Bund frischer Koriander
100 g rote Zwiebeln
5 EL kaltgepresstes Olivenöl
je 1 EL Curry und Paprika, scharf
1 TL Sambal oelek

247 kcal

» Von den Garnelen die Schale bis auf das letzte Segment ablösen und den schwarzen Darm entfernen. Unter fließendem Wasser abspülen, mit Küchenkrepp trockentupfen.

» Die Hälfte der Zitronenschale abreiben. Zitrone halbieren und auspressen. Joghurt mit Salz, Zitronenschale und 1 EL Saft verrühren.

» Bohnen putzen und Koriander fein schneiden.

» Zwiebeln schälen, in Spalten schneiden und in 3 EL Öl kräftig anbraten. Curry, Paprika und Salz unterrühren, mit 150 ml Wasser ablösen, unter Rühren auf die Hälfte einkochen lassen, dann ca. 2 TL Zitronensaft zugeben. Bohnen in kochendem Salzwasser 7–8 Minuten kochen und gut abtropfen lassen. Zu den Zwiebeln geben und etwa 4 Minuten weitergaren.

» Garnelen im übrigen Öl bei mittlerer Hitze auf jeder Seite 2 Minuten braten, Sambal oelek untermischen und etwas salzen. Bohnen und Garnelen anrichten und Koriander darüberstreuen.

» Joghurtsauce und Baguette dazu servieren.

KH   E   F | neutral | wärmend

Gut zu wissen

Scharfen Gewürzen wie Cayennepfeffer und Chili wird nachgesagt, sie machten fröhlich und wirkten erotisierend. Ein Blick auf die Inhaltsstoffe legt nahe, dass dies am Capsaicin liegen könnte. Dieser Stoff steht im Ruf, nicht nur scharf zu sein, sondern auch glücklich zu machen. Er fördert den Stoffwechsel und bringt die Blutzirkulation in Schwung. Aber auch andere Gewürze wie Zimt und Ingwer haben diese Wirkung.

Steinbutt mit mariniertem Basilikum

» Zitronenschale fein abreiben und beiseite stellen. Zitrone halbieren und ca. 3 TL Saft auspressen. Tomaten fein würfeln, mit Senf, Zitronensaft, 3 EL Olivenöl, Salz und Pfeffer verrühren. Basilikumblätter von den Stielen zupfen, zur Marinade geben und marinieren lassen.

» Kartoffeln waschen, schälen und in Salzwasser weich kochen. Kartoffeln abgießen, durch ein Sieb streichen und mit warmer Milch, Butter, Salz und abgeriebener Zitronenschale cremig rühren. Kartoffelbrei im geschlossenen Topf warm halten.

» Steinbuttfilets in Butter auf jeder Seite 2 Minuten braten und leicht salzen.

» Basilikum mit dem Zitronen-Kartoffelpüree und den gebratenen Steinbuttfilets anrichten.

KH   E   F   neutral   ausgeglichen

4 Personen
1 großer Bund Basilikum
1 unbehandelte Bio-Zitrone
25 g getrocknete Tomaten ohne Öl
1 EL Senf
3 EL Olivenöl
Salz, Pfeffer aus der Mühle
800 g festkochende Kartoffeln
250 ml warme Milch oder Hanfmilch
30 g Butter
4 Steinbuttfilets
Butter zum Braten

471 kcal

Gut zu wissen

Der Name Basilikum leitet sich aus dem Griechischen (basilikos = königlich) ab und bedeutet soviel wie königliche Heilpflanze. Darum wird Basilikum im deutschsprachigen Raum auch Königsbalsam oder Königskraut genannt. Das aromatische Kraut ist reich an ätherischen Ölen , Gerbstoffen und wertvollen Flavonoiden. Es hilft bei Appetitlosigkeit und Verdauungsproblemen und schafft Abhilfe bei Nervosität und Schlafstörungen. Basilkum ist ein typisches Gewürz der südeuropäischen Küche, passt besonders gut zu Tomaten und Weichkäse, als Pesto zu Pastagerichten, zu Fisch und Fleisch. Frische Basilikumblätter am besten nicht mit dem Messer schneiden, sondern zupfen und immer erst kurz vor dem Servieren in die warmen Gerichte geben, da sie sonst ihr Aroma verlieren.

Garnelen auf Wirsing mit Currysauce und Ingwer

» Die Garnelen aus den Schalen lösen, den schwarzen Darm entfernen und sie dann unter fließendem Wasser abspülen, mit Küchenkrepp trocken tupfen.

» Vom Wirsing den Strunk und die dicken Blätter entfernen. Die zarten Wirsingblätter in 3 x 3 cm große Quadrate schneiden. In sprudelndem Salzwasser blanchieren, in Eiswasser abschrecken und gründlich trockentupfen.

» Den Wirsing in Olivenöl andünsten, Sahne zugießen und auf die Hälfte reduzieren, mit Salz, Pfeffer und Muskat abschmecken.

» Weißwein mit fein geschnittenen Schalotten und dem Curry kurz aufkochen, den Fischfond zugießen. Auf die Hälfte reduzieren und Crème double zugeben. Weitere 5–10 Minuten einkochen lassen, passieren und im Mixer aufschlagen. Mit Zitronensaft und Salz abschmecken.

» Die Garnelen im Dampf 4–5 Minuten garen.

» Im Mixer die Currysauce mit Sahne und Butter aufschlagen, frisch geriebenen Ingwer nach Belieben dazugeben.

» Das Wirsinggemüse auf vorgewärmten Tellern anrichten, die Garnelen daraufsetzen. Die geschlagene Sahne unter die Sauce heben und die Garnelen damit überziehen.

4 Personen
20 frische Garnelen
½ Wirsingkopf
kaltgepresstes Olivenöl
125 ml Sahne
Muskatnuss
Salz, Pfeffer aus der Mühle

Sauce:
4 cl trockener Weißwein
1 Schalotte
½ TL Curry
150 ml Fischfond
200 ml Crème double
Zitronensaft
Salz
1 EL geschlagene Sahne
1 EL Butter
1 kleine Knolle Ingwer

482 kcal

KH   E   F

sauer

🔥🔥🔥🔥🔥🔥
wärmend

Seeteufel auf Ratatouille

» Seeteufelmedaillons mit einem scharfen Messer waagrecht so aufschneiden, dass sie an einem Ende noch zusammenhängen. Medaillons aufklappen, zwischen 2 Lagen Klarsichtfolie leicht flach klopfen, mit Basilikumblättern füllen und mit Holzstäbchen zusammenstecken. Abgedeckt kalt stellen.

» Knoblauch fein hacken. Zwiebel in Scheiben schneiden. Aubergine und Zucchini putzen, in 1 cm große Würfel schneiden. Stielansätze von den Tomaten entfernen, Tomaten in grobe Stücke schneiden. Von zwei Thymianzweigen die Blätter abzupfen.

» Für das Ratatouille Olivenöl in einer beschichteten Pfanne erhitzen, Knoblauch und Zwiebel darin glasig dünsten. Auberginen, Zucchini und Tomaten zugeben und kurz andünsten. Tomatenmark unterrühren und mit Tomatensaft auffüllen. 10 Minuten bei mittlerer Hitze kochen lassen. Mit Salz, Pfeffer und den Thymianblättern abschmecken.

» Das Olivenöl erhitzen, die gefüllten Seeteufelmedaillons von beiden Seiten insgesamt 5 Minuten braten. Mit Salz und Pfeffer würzen und mit dem Ratatouille auf flachen Tellern anrichten. Mit den restlichen Thymianzweigen dekorieren und mit Baguette servieren.

KH   E   F | neutral | ausgeglichen

4 Personen
8 Seeteufelmedaillons
(à 60 g, aus dem dicken Mittelstück, küchenfertig gehäutet)
16 Basilikumblätter
Olivenöl
Salz, Pfeffer aus der Mühle

Ratatouille:
1 Knoblauchzehe
1 Zwiebel (100 g)
1 Aubergine (100 g)
150 g Zucchini
300 g Fleischtomaten
4 Zweige Thymian
3 EL Olivenöl
½ EL Tomatenmark
6 EL Tomatensaft
Salz, Pfeffer aus der Mühle

244 kcal

Mousse au chocolat mit Orangensauce

4 Personen
175 g Bitterschokolade 70 %
3 Eiweiß
100 g Puderzucker
200 ml Sahne
3 EL Cognac
300 ml Orangensaft
Mark von einer Vanilleschote
Kakaopulver

543 kcal

» 150 g Schokolade grob hacken, im Wasserdampf schmelzen und lauwarm werden lassen. Eiweiß mit 60 g Puderzucker steif schlagen. Sahne halbsteif schlagen. Eischnee mit einem Schneebesen rasch unter die Schokolade heben, dabei den Cognac nach und nach zugeben. Dann die geschlagene Sahne vorsichtig unterheben und die Masse in ein ausgespültes Gefäß füllen. Mindestens 3 Stunden, besser noch über Nacht kalt stellen.

» Orangensaft mit Vanillemark und dem übrigen Puderzucker in einen Topf geben und auf die Hälfte reduzieren. Restliche Schokolade mit einem Sparschäler dünn raspeln.

» Mousse mit einem großen Löffel auf Tellern anrichten. Mit den Schokoraspeln und Kakao bestreuen. Mit der Orangensauce servieren.

KH   E   F

sauer

wärmend

Gut zu wissen
Wird Schokolade verzehrt, erhöht sich im Gehirn die Konzentration von Serotonin – eines körpereigenen Glückshormons. Dieser so genannte Neurotransmitter sorgt für das Wohlbefinden zwischendurch. Serotonin überbringt an die Zellen nur gute Nachrichten: Glück, Zufriedenheit oder Entspannung. Je dunkler die Schokolade, desto größer ist ihr Gehalt an Antioxydantien, die vor Zellalterung und entzündlichen Prozessen schützen.
Trotz aller Vorzüge: Schokolade ist ein Genuss- und kein Nahrungsmittel – gesunde Küche ist aber ohne Genießen undenkbar!

Gute-Laune-Menü

Draußen ist alles grau in grau, nichts läuft so, wie es laufen soll, Ihre Stimmung ist auf dem Tiefpunkt ... Dagegen kann man etwas tun! Mit einem liebevoll zubereiteten Gute-Laune-Menü sind Sie schnell wieder in Stimmung und voll neuem Tatendrang.

Topinambur-Creme

4 Personen
3–4 Topinamburs
20 g Butter
500 ml Bio-Gemüsebrühe
100 ml Sahne
Salz, Pfeffer aus der Mühle

154 kcal

» Topinamburs schälen, klein schneiden und in der Butter leicht anschwitzen. Mit Gemüsebrühe aufgießen und weich kochen. Mit der Sahne auffüllen und heiß pürieren, dann mit Salz und Pfeffer abschmecken. Anschließend die Creme durch ein feines Sieb streichen.

» Die Suppe in vorgewärmten Tellern oder Tassen servieren.

Mein Tipp
» Mit Trüffelöl lässt sich diese Creme sehr gut verfeinern.

KH   F   basisch   ausgeglichen

Bachsaiblingsfilet auf Zitronengras-Risotto

4 Personen
1 Bund Zitronengras
Olivenöl
100 g Risottoreis (Vialone oder Carnarola)
trockener Weißwein
2 frische Bachsaiblinge (à 300 g)
Salz
400 ml Fischfond
Butterflöckchen
Salz
Pfeffer aus der Mühle
etwas gebräunte Butter

475 kcal

» Die äußeren, trockenen Blätter der Zitronengrasstangen entfernen und das untere Drittel des Zitronengrases in hauchdünne Ringe schneiden, in Olivenöl andünsten und den Risottoreis dazugeben. Andünsten lassen, mit trockenem Weißwein ablöschen und mit heißem Fischfond aufgießen. Köcheln lassen. Wenn die Flüssigkeit reduziert ist, wieder etwas Fischfond nachgießen, bis der Risotto seine richtige Konsistenz hat (dauert ca. 15 Minuten). Danach den Risotto mit Butterflöckchen und Salz kräftig durchrühren und beiseite stellen.

» Die Saiblingsfilets mit Salz und Pfeffer würzen, über Dampf ca. 3 Minuten garen. Dann auf der Hautseite in brauner Butter kurz ansautieren. Risotto noch einmal kräftig aufrühren und auf Teller verteilen. Die gegarten Fischfilets darauf anrichten.

KH   E   F

sauer

wärmend

Wiener Himbeeromelett

**Als Hauptspeise für
2 Personen, als Nach-
speise für 4 Personen**
200 g Quark (20 % Fett)
3 Eigelb
abgeriebene Schale von
½ unbehandelten Bio-Zitrone
4 Eiweiß
100 g Zucker oder Stevia
300 g Himbeeren
30 g Butter
Puderzucker zum Bestäuben
2 EL Sahne

330/255 kcal

» Den Quark durch ein Sieb in eine Schüssel streichen, dann Eigelb und Zitronenschale gründlich unterrühren. Eiweiß und 70 g Zucker mit dem Mixer zu einer cremigen, nicht zu festen Masse schlagen. Mit einem Schneebesen die Quarkmasse und den Eischnee vorsichtig vermischen.

» Die Himbeeren verlesen. 150 g davon in einer Schüssel mit dem restlichen Zucker vermischen. Übrige Himbeeren mit dem Mixstab pürieren und anschließend durch ein Sieb passieren.

» In zwei Pfannen etwas Butter schmelzen, mit einer Schöpfkelle je ein Viertel der Omelettmasse darin verteilen, glattstreichen und auf beiden Seiten goldgelb backen. Die Omeletts auf vorgewärmte Teller legen. Die Himbeeren mit einem Löffel darauf verteilen, die Omeletts zur Hälfte zusammenklappen und mit wenig Puderzucker bestäuben.

» Daneben die Himbeersauce verteilen. Etwas Sahne darauf geben und mit einer Gabel Muster durch die Sauce ziehen. Die Omeletts rasch servieren, sie fallen sonst wieder zusammen.

» Mit der restlichen Omelettmasse ebenso verfahren.

Mein Tipp
» Statt zwei Pfannen können sie auch eine größere verwenden. Dann die Omeletts vor dem Servieren halbieren.

KH   E   F   sauer   kühlend

Essen für die Liebe

Sinnliche Lust war in früheren Zeiten mit den Namen weiblicher Göttinnen verbunden wie in der Antike mit dem von Venus-Aphrodite. Heute sind sie nur scheinbar in den Hintergrund gerückt, denn der moderne Alltag ist wie nie zuvor vom Lustprinzip beherrscht. Dass er trotzdem vielen nicht mehr viel Lust vermittelt, liegt daran, dass sich das Lustprinzip allmählich immer mehr in unerlösten Ausdrucksformen zeigt.

Lebenslust und Liebeslust

Von der Lust auf süße Schokoladen-Verführungen über den Karibikurlaub mit knackig braungebrannten Freunden, der modernen Lust auf Karriere bis zu der auf kuschelige Kaschmirpullis – Lust ist zu einem der Schlüsselthemen unserer Zeit avanciert. Eine rasch expandierende Freizeitindustrie versucht, der Lebenslust immer neue Landschaften und Themen zu erschließen.

Alle wollen heute lustbetonter leben als noch vor Jahrzehnten. Zugleich wird die Frustrationstoleranz gegenüber Unlust geringer. Insofern wäre es an der Zeit, die Lustkomponente beim Essen im archetypischen Sinn wiederzuentdecken. Die Lust auf Essen und auch auf schönes Essen ist längst ein Thema, wie sich an all den kulinarischen Restauranttempeln und dem Kult um anspruchsvolles Essen zeigt. Aber wir könnten allmählich auch jenes Essen wieder entdecken, das wie zu Casanovas Zeiten geeignet ist, durch seine Inhaltsstoffe, sein Aussehen und seine Art Lust zu machen.

Obwohl man natürlich auf so ziemlich alles Lust haben kann, von Liebe bis Schokoriegel, von Macht bis Faulenzen, wird das Leben für die meisten Menschen eher hektischer und anstrengender, was der Lust die Basis nimmt. Lust ist im engeren Sinne immer mit Venus, der Göttin der Liebe, der Schönheit und des Lebensgenusses und ihrer Sinnlichkeit verbunden. Das Wort „Lust" – aus dem Germanischen lutan – bedeutet sich neigen. Verlangen und insbesondere sinnliches und geschlechtliches gehören ebenso dazu wie die Begierde und auch viele angenehme Empfindungen, Vergnügen und Lustbarkeiten wie Partys, aber auch alle Tanzfeste, die Gelüste wecken, die nur Liebesgöttinnen befriedigen können. Im Lustgarten der Liebe zu wandeln ist Venus' höchstes Ziel.

Primitive Lüstlinge, Lustseuchen oder sogar Lustmorde sind Schattenseiten, bei denen die Liebesgöttin ihre Hände ebenfalls im Spiel hat.

Das Leben als Fest feiern

Von den eigentlichen Höhen und Tiefen des Venusprinzips wissen und halten wir heute nicht mehr viel. Ihre Tiefen sind uns geradezu verdächtig. Lieber bleiben wir auf der Ebene der Phänomene an der Oberfläche. Hier lässt sich gut „cool" sein, und die heißen und oft brennenden Gefühle der Venus werden ignoriert. Das Disco-Date ersetzt längst das Rendezvous im Mondschein, cooler Sound hat die heißen Rhythmen verdrängt. Flirt und das Spiel mit dem Feuer der Liebe, zentrale Anliegen der Venus, sind abgeklärter oder eben cooler unvermittelter Direktheit gewichen. An Bedeutung gewinnt dagegen der rein funktionale Aspekt der venusischen Lust, der Sex.

Was die Parallele zum Essen angeht, finden sich ganz ähnliche Entwicklungen, wenn man an die hochgestochenen Esstempel der Spitzenklasse denkt, wo zu unglaublichen Summen die ausgefallensten und zum Teil geradezu perverse Delikatessen herhalten müssen, um sinnentleerten Leben wenigstens noch ein wenig „Thrill" zu verpassen. Wer die Fettleber einer brutal zu Tode gequälten Gans mit Genuss verspeist, muss wohl in großer innerer Not sein – meist auch noch, ohne es zu ahnen.

Bedenkt man, wie nah das Verhältnis von Lieben und Essen auf der Grundlage des Genusses ist, ist es nahe liegend, sich dieser Thematik bewusst anzunehmen und beide Bereiche mit Hingabe zu verbinden. Schönes Essen und nährende Liebe ergänzen sich wunderbar. Es ist schade, wenn der eine Bereich dazu herhalten muss, den anderen zu vertreten. Natürlich können Verliebte von Luft und Liebe leben, aber sie können ebenso gut und besser in köstlichen Genüssen schwelgen zwischen ihren anderweitigen Liebesfesten. Das Leben zu feiern und diese Feste zu genießen ist eine alte Tradition, die der Venus auf genussvolle Weise huldigt. Bedenkt man, dass Venus-Aphrodite eine Göttin ist, handelt es sich hier um eine Art von Gottesdienst, zu der wir jeden Bezug verloren haben. Wie angenehm aber wäre es, ihn wiederzugewinnen.

Mit wachen Sinnen genießen

Essen ist heute für viele eine wesentliche und für manche sogar die einzige Lustquelle. Da wäre der Schritt über schöne Essensfeste mit entsprechender Musikuntermalung zu tieferen Ebenen des Venusreiches nahe liegend und vielversprechend. Venus geht es insgesamt nicht gut in einer Zeit, die die Quantität über die Qualität stellt. Über die (Wieder-)Entdeckung des Archetyps der Göttin der Schönheit, der Harmonie, der Liebe und des Genusses könnten wir wieder Freude am Leben finden und uns auf leichte und genussvolle Art von den puritanischen Missverständnissen der Vergangenheit erholen.

Zwischen gesunden Lebensmitteln und Genuss besteht kein Widerspruch, sondern eine natürliche Beziehung. Das Aroma der Speisen und die Düfte der Blüten und Pflanzen, wie sie sich auch in Parfums und Aromaölen spiegeln, ergänzen sich ideal. Die Inder sagen, ein gesunder Mensch rieche nach der zuletzt genossenen Frucht. Dieses eigene Parfum ersetzen wir heute künstlich und bleiben dabei doch in Venus' Gefilden.

Je wacher die Sinne, desto wacher der ganze Mensch auf seinem Weg zum Erwachen. Aufwecken können wir uns und unsere Sinne auf wunderschöne Weise durch bewusstes Genießen auf der Essens- wie der Liebesebene. Nichts und niemand hindert uns, das Leben als Fest zu feiern und die entsprechenden Venusanlässe zu festlichen Höhepunkten darin zu machen. Sogar der Gegenpol venusischen Genusses, saturniner Verzicht, wie er etwa im bewussten Fasten zum Ausdruck kommt, kann hierbei hilfreich sein. Gerade nach einer Unterbrechung des Alltagstrotts mit seinen Gewohnheiten und verschlafenen Gelegenheiten eröffnet sich die Chance neuen (Lebens-)Genusses. Man kommt – nach einer Essenspause – wieder in die Lage, die feinen Nuancen im Aroma der Speisen zu unterscheiden und sich auch an zarten Anregungen der Sinne zu freuen. Sinnlichkeit, heute fast ganz dem Erotischen zugerechnet, könnte wieder zu einem Allgemeingut werden und aus dem Schlafzimmergefängnis ausbrechen und zumindest die Esszimmer und Küchen erobern. Solcherart ermutigt, wird sie allerdings weiter um sich greifen und auch im Wohnzimmer Einzug halten und sich in ästhetischem Empfinden, Kunst und einer harmonischen Lebensart im Sinne von Lebenskunst auswirken. Auch ein neuer sinnlicher Bezug zur Natur wird entstehen, aus der unsere Nahrung stammt oder jedenfalls stammen sollte.

Wunderbar ist es, ein- oder zweimal am Tag in friedlicher Absicht zu meditieren, vielleicht noch wirksamer wäre es, dreimal am Tag in venusischer Absicht zu speisen und es sich und der (Um-)Welt dabei gut gehen zu lassen. Der Osten kennt den Bezug zwischen Essen und innerer Entwicklung im erwähnten Zusammenhang von Bhoga, Weltessen. Das Leben will verdaut sein und geschickt, wer es dabei genießt.

Kulinarisch verführen

In alten Zeiten war der Herd Zentrum des Hauses, so wie das Herz noch immer Zentrum des Körperhauses ist. Wie sich im Haus alles Leben um den Herd und seine Wärme und das auf ihm bereitete Essen drehte, kreise im Leben alles um das Herz und seine Wärme und die aus ihm fließende Liebe. Das Leben mit seinen Genüssen aus vollem Herzen zu genießen, erfreut die Venus und lässt alle anderen Organe gesunden, wobei der Magen sicherlich als Erster dafür sorgt, dass er bekommt, was er mag. Wer ein sinnlicher Mensch geworden ist und auf seine Sinne zu horchen gelernt hat, wird ihnen auch bald gehorchen und in seiner inneren Stimme eine verlässliche Hilfe finden, die alle Archetypen zu ihrem Recht kommen lässt. Davon profitiert nicht nur die Venus, sie aber besonders leicht, denn wenige Archetypen machen es uns so leicht, sie zu lieben.

Die Beziehung zwischen Essen und Liebe wird auch bei vielen Flirtversuchen deutlich. In der klassischen Form wird der Herr die Dame in der Startphase zum Essen einladen – gerade wenn sein Appetit viel weiter reicht. Sie beschnuppern sich essend als idealem Testfall für alle weiteren venusischen Eventualitäten. Typischerweise ergeht solch eine Einladung zum Abendessen, wodurch die Nacht zeitlich in die Nähe rückt. So kann die Angelegenheit in vorgezeichneten Bahnen, von Stufe zu Stufe und Sinnesorgan zu Sinnesorgan eskalieren. Schon während sie sich kulinarisch sättigen, können sie sich nicht sattsehen aneinander und berauschen sich nicht nur am Wein, sondern auch am Klang ihrer Stimmen. So will schon bald auch der Tastsinn zum Zuge kommen und einer neuen Dimension des Sinnlichen das Terrain bereiten.

Vom ungemütlichen Stehen ist man ja schon längst zum vertrauteren Beisammensitzen übergegangen, wodurch der nächste Schritt zum noch entspannteren und genussvolleren Liegen nahe liegender und die Verbindung von Tisch und Bett besonders deutlich wird. Die Dinge nehmen im Konkreten wie im Übertragenen ihren vorgezeichneten Lauf tiefer hinein ins (Liebes-)Abenteuer und Venusland. Vom genüsslichen Mahle, vorzugsweise mit beider Leib- und Lieblingsspeisen, (wein-)selig und vielleicht sogar schon (liebes-) trunken, entwickelt sich Tatendurst. Er trägt seine kostbare Eroberung ins Bett, wo sie wonnetrunken den tiefsten Genuss kosten, den Venus auf dieser Ebene bietet.

Mit Eros und Harmonia im Bunde

Hierbei spielt das oppositionelle Marsprinzip herein. Der Kriegsgott Ares-Mars hat als Gegenspieler der Venus überhaupt oft seine Hände mit in ihrem Spiel. Denn bei aller Opposition begehren die beiden Götter einander. Aus ihrer illegalen, aber gerade deswegen besonders heißen Beziehung gehen schicksalsschwere Kinder hervor wie Harmonia, die Göttin des Gleichgewichts, Eros, der Gott der Liebe, aber auch Phobos, der für die Ängste zuständige Archetyp und Daimos, der den Dämonen und dem Schatten nahe steht. In unserem Zusammenhang sind Eros und Harmonia besonders wichtig. Allerdings ist zu bedenken, dass ihre dunklen Geschwister immer dann ins Spiel (des Lebens) kommen, wenn Menschen sich mit dem hellen Bruder Eros und seiner lichten Schwester Harmonia nicht aussöhnen. Eros ist mit beiden Eltern und Archetypen im Bunde, wenn er sein Anliegen, die Liebe, mit scharfen Pfeilen in die Herzen der Menschen schießt oder ihnen die Brandfackel der heißen Liebe ins Herz stößt und so das Feuer der Liebe dort entzündet. Manchmal bestreicht er die Pfeile sogar mit bitterer Galle und lässt die Liebe auch schon mal ins Leben seiner Opfer einbrechen oder erlaubt ihr, unvermittelt auf den ersten Blick und nicht selten erbarmungslos zuzuschlagen.

Seine Schwester Harmonia ist sowohl bei der sinnlich-erotischen Liebe als auch für die Zusammenstellung der kulinarischen Genüsse notwendig. Die Nähe von Schärfe, Hitze, Lust und Liebe ist unübersehbar und gut zu schmecken. Heiße Liebe ist nicht zufällig der Name für ein Dessert. Während scharfe Gewürze und Frauen, leckere, anmachende Gerichte und Menschen uns das Leben schmackhaft machen und es entscheidend versüßen, ist die venusische Liebe die entscheidende Würze im Leben. Ohne sie wäre das Leben vergleichsweise ungenießbar. Tatsächlich sind Menschen umso ungenießbarer, je weniger Liebesfeste sie feiern. Kulinarische Feste allein sind keineswegs allein selig machend.

Verlorengegangenes wiederentdecken

Diese Zusammenhänge waren früher, als die Urprinzipienlehre noch bekannter war, im Bewusstsein der Menschen, gerieten aber durch körperfeindliche Tendenzen in Vergessenheit. So haben Aphrodisiaka in modernen Zeiten viel von ihrer drallen Symbolik eingebüßt. Außerdem wurden sie Opfer des allgemeinen Trends zu Pillen. In dieser Form werden sie bis heute geschluckt. Von Ginsengwurzelextrakten über Vitamin-E-Pillen bis zu Viagra reicht hier die moderne Palette.

Unsere Vorfahren waren mit den Speisen der Liebe mutiger, um nicht zu sagen dreister. Wir brauchen nur an Giacomo Casanova zu denken, den berühmt-berüchtigten Liebeskünstler aus Italien, der die einschlägig beleumundeten glitschigen Austern mit seiner jeweiligen Gespielin von Mund zu Mund austauschte. Auch soll er berauschende Weine zu eindeutigem Zweck geschätzt und reichlich genossen haben. Das prickelnde Gefühl des Champagnertrinkens haben aber auch wir uns in seiner ursprünglichen Form und Bedeutung bewahrt. Noch immer hat es für viele Menschen etwas sündhaft Teures und auch Leichtsinniges an sich. Tatsächlich kann es erleichtern und die Stimmung heben.

Verschiedenste Gewürze wie der Pfeffer führen dem Körper Hitze zu und machen uns heiß, weshalb die Angelsachsen von „Hot Spices" sprechen. Die Hitze der Begierde kann auf diesem Weg angeregt werden. Früher waren die Menschen diesbezüglich durchaus phantasievoller und mischten etwa Schokolade und Pfeffer.

Süße Verführungen

Auf gutbürgerlicher Ebene wären Desserts und Nachtische, besonders wenn sie süß und ästhetisch schön zubereitet sind, ins engere Reich der Venus zu rechnen. Aus Vollwertprodukten zubereitet, kann sich sogar venusischer Genuss ganz ohne Reue ergeben. Überraschungen und Kunstwerke sind dabei in inhaltlicher Hinsicht nur recht harmlose Spielereien im Venusreich.

Es läge nahe, auch jene Gewürze und Speisen, die der Venus im tieferen Sinn das Terrain bereiten, wiederzuentdecken und gebührend einzusetzen, um die andere Ebene der Venus, die Erotik, solcherart zu beflügeln. Nicht nur die Zusammensetzung der Speisen kann Venus befriedigen. Auch die Art, wie sie bereitet, dekoriert, serviert und genossen werden, ist dazu angetan, Venus zu dienen und zu fördern.

Schokolade – die süße Versuchung

In diesem Zusammenhang sollte auch nicht unerwähnt bleiben, dass die Schokolade ihre Karriere als Aphrodisiakum begonnen hat und tatsächlich Stoffe im Körper freisetzt, die denen, die im Zustand des Verliebtseins im Blut kreisen, sehr ähnlich sind. Ihre Wirkung war offenbar so überzeugend, dass sie auch puritanischste Zeiten überstanden hat und es auf diesem Weg bis zum ehrbaren Nahrungsmittel brachte. Bezeichnenderweise wurde noch bis Ende des 18. Jahrhunderts vor ihr und anderen Süßigkeiten im gleichen Atemzug wie vor sexuellen Ausschweifungen gewarnt. In ihrer ursprünglichen Heimat, Lateinamerika, galt die Schokolade offenbar von Anfang an als Liebesdroge. Von Aztekenherrschern ist bekannt, dass sie sie sehr direkt zur Förderung von Liebesfreuden und -festen einsetzten. Einer dieser Könige namens Montezuma soll täglich 50 Tassen Schokolade getrunken haben, um den 50 Frauen seines Harems gerecht werden zu können. Wer den Film „Chocolat" genossen hat, weiß, was den alten König umgetrieben hat.

Allmählich entdecken wir auch in der alten Welt wieder mehr jene dunkle, oft schwarze Schokolade, die in Lateinamerika genossen wurde und die ohne die negativen gesundheitlichen Auswirkungen süßer Milchschokolade in Venus' Reich einiges zu bieten hat. Ihr bittersüßer Geschmack war schon den Azteken lieb. Kakao, der Grundstoff der Schokolade, galt als Nahrung der Götter. Die gottähnlichen Herrscher genossen ebenfalls das Gebräu aus gemahlenen Kakaobohnen und einer Art Polenta, die mit Gewürzen wie Chili, Vanille, Piment und eben Pfeffer in warmem oder kaltem Wasser gelöst wurden. Durch den Kakao war die Schokolade ziemlich bitter und herb und entfaltete aphrodisierende Wirkungen. Mexikanische Schokolade enthielt Gewürze wie Zimt, Anis und Gewürznelken.

In unserer Zeit, die sich – trotz laut propagierter Fungesellschaft – ziemlich schwer tut sowohl mit dem Lebensgenuss als auch mit der Liebe, nähern wir uns heute am deutlichsten und unverdächtigsten über die Wissenschaft dem Thema. So wissen wir, dass Kakao Stoffe wie Koffein, Theobromin, Phenylethylamin und vor allem Serotonin enthält, die in vieler Hinsicht anregend wirken. Mit der zauberhaften Wirkung des Serotonins hatten wir uns schon beschäftigt. Es bewirkt die Abschirmung von Großhirneinflüssen und die Öffnung des Herzens, sodass man sich und die Welt mit liebevollen und milden Augen und wie aus dem Herzen heraus wahrnimmt.

Schokolade ist ab einem Kakaogehalt von 70 % nicht einmal ungesund, weil der glykämische Index mit ansteigendem Kakao- und sinkendem Milch- und Zuckeranteil günstiger ist und die Bedrohung von Zahnschmelz und Knochen ebenfalls mit dem Zuckeranteil zurückgeht. Wer sich also durch größere Mengen Bitterschokolade anregen lassen will, kann bittersüße Liebeslust spürbar heraufbeschwören.

Lustvolle Zutaten

Bei uns findet Venus langsam zurück in Kochtöpfe und auf Esstische. Mit prickelndem Champagner konnten wir immer anstoßen, ohne anstößig zu werden. Inzwischen trauen wir uns sogar wieder an süße perlende Weine, die bei besseren Leuten lange verpönt, wieder in die Kehlen selbst von Gourmets finden.

Die unverdächtige und sogar gesunde Möglichkeit, den Serotonin-Spiegel über die Gute-Laune-Mischung (siehe Seite 62) zu steigern, wurde schon erwähnt. Ansonsten wäre an Trüffel zu denken, natürlich auch an Kaviar und Austern. Spargel, Feigen und Erdbeeren stehen ebenfalls im Ruf, Lust hervorzurufen.

Gazpacho

2 Personen
1 Salatgurke (ca. 400 g)
500 g reife Fleischtomaten
1 roter Paprika
1 Knoblauchzehe
2 EL Olivenöl
1 EL Rotweinessig
200 ml Bio-Gemüsebrühe
Salz, Pfeffer aus der Mühle
1 Prise Zucker oder Stevia

Außerdem:
2 Scheiben Weißbrot
3 El Olivenöl

240 kcal

» Die Gurke schälen, längs halbieren und entkernen. Tomaten überbrühen, häuten, halbieren und entkernen. Paprika der Länge nach halbieren und die Trennwände und Stielansätze entfernen. Von jeder Gemüsesorte jeweils ein Stück klein würfeln und die Würfel beiseite legen. Das restliche Gemüse mit der geschälten Knoblauchzehe im Mixer fein pürieren. Olivenöl sowie den Essig und die Gemüsebrühe dazugeben und alles kräftig durchmixen. Die Suppe mit Salz, Pfeffer und Zucker abschmecken und kalt stellen.

» Weißbrot klein würfeln und in Olivenöl in einer Pfanne goldbraun rösten.

» Die Gemüsewürfel in Suppenschalen verteilen, Gazpacho darübergießen, eiskalt servieren. Brotwürfel bereitstellen und die Suppe nach Belieben damit bestreuen.

KH   E   F

basisch   kühlend

Aphrodites Frühlingssalat

>> Blattsalate waschen, zerkleinern und mischen. Staudensellerie in Scheiben schneiden, Avocadofruchtfleisch mit einem Kugelausstecher herauslösen oder würfeln, Erdbeeren vierteln und alles hinzufügen.

>> Für die Marinade die Zutaten verrühren und den Salat damit marinieren. Schnittlauch und Basilikumblätter untermischen.

>> Mit Kresse und Kräuterblüten garnieren.

KH   E   F   neutral   ausgeglichen

2 Personen
½ Kopfsalat
½ Friséesalat
100 g Feldsalat
100 g Staudensellerie
½ Avocado
100 g Erdbeeren

Marinade:
3 EL Apfel-Balsamico-Essig
1½ EL Olivenöl
1 TL Honig
1 EL Orangensaft
Pfeffer aus der Mühle
Schnittlauch, Basilikumblätter
Kresse, Kräuterblüten (Lavendel, Thymian, Schnittlauch)

213 kcal

Gefüllter Mozzarella auf Basilikumblättern

>> Mozzarella abspülen und in Scheiben schneiden. Gorgonzola mit Sahne verrühren und mit einem halben Bund fein gehackter Basilikumblätter vermischen. Eine kleine runde Form oder Schüssel mit Öl einfetten, einen kleinen Basilikumzweig hineinlegen.

>> Den Boden der Form mit Mozzarellascheiben belegen; mit Salz und Pfeffer würzen. Darüber Gorgonzola streichen, dann wieder gewürzten Mozzarella usw. Mit dem Mozzarella abschließen, und mindestens 3 Stunden kalt stellen. Anschließend einen flachen Teller mit Basilikumblättern auslegen und den Käse daraufstürzen.

>> Mit dem restlichen Basilikum garnieren. Kaltgepresstes Olivenöl und Ciabatta-Brot dazu reichen.

E   F   sauer   ausgeglichen

2 Personen
1 Paket Büffelmozzarella (125 g)
75 g Gorgonzola
1 EL Sahne
1 Bund Basilikum
1 TL Öl
Salz, Pfeffer aus der Mühle

Außerdem:
Kaltgepresstes Olivenöl
und Ciabatta

323 kcal

Crudités mit Kaviardipp

2 Personen
1 große Karotte
¼ Salatgurke
½ Staudensellerie
je ½ rote und gelbe Paprikaschote
½ Bund Radieschen
1 Fenchelknolle
2 hart gekochte Eier
½ Becher saure Sahne
Cayennepfeffer, Salz
Zitronensaft
15 g (nicht echter) Kaviar

182 kcal

» Die Karotte schälen und der Länge nach in Stifte schneiden. Die Gurke schälen und in längliche Stücke schneiden. Staudensellerie putzen und in Stücke schneiden. Paprikaschoten in Streifen schneiden. Radieschen so putzen, dass ein kleines grünes Büschel zum Anfassen stehen bleibt. Fenchelknolle in Stücke schneiden.

» Für den Dipp saure Sahne verrühren, mit Cayennepfeffer, etwas Salz und einem Spritzer Zitronensaft würzen. Den Kaviar erst kurz vor dem Servieren unter die Creme heben.

» Das Gemüse mit den geschälten und geviertelten hart gekochten Eiern sternförmig auf einem großen Teller oder einer Platte anrichten und in die Mitte ein Schälchen mit dem Kaviar-Dipp stellen.

Mein Tipp

» Der Vorteil dieser köstlichen Crudités ist, dass sie dafür wahrscheinlich fast alles im Haus haben und daher auch einen unerwarteten Gast bewirten können.

» Die Rohkostplatte lässt sich natürlich auch abwandeln und ergänzen, z.B. mit Kohlrabistiften, Blumenkohlröschen, Radicchio- oder Chicoréeblättern, halbierten Champignons und Zuckererbsenschoten.

» Ein Tipp für jene, die Rohkost um diese Tages- bzw. Nachtzeit nicht vertragen: Servieren Sie nur den Dipp mit knackigen Käse- oder Rosmarinstangen – das ist eine bekömmliche und noch einfachere Mitternachtsvariante!

KH   E   F

basisch

ausgeglichen

Grüner Spargel mit Wachteleiern und Kaviarsahne

2 Personen
500 g grüner Spargel
Salz
etwas Zitronensaft
etwas Öl
150 ml Crème double oder
Crème fraîche
2 EL geschlagene Sahne
3 TL Kaviar
4 Wachteleier
etwas Essig

595 kcal

» Die Spargelstangen an der unteren Hälfte schälen und in kochendem Salzwasser zirka 8 Minuten kochen. Sie sollten noch bissfest sein. Das Wasser abgießen, den Spargel kurz mit kaltem Wasser abschrecken und in einer Schüssel mit Öl und Zitronensaft marinieren.

» Crème double mit dem Schneebesen aufschlagen und die Sahne unterziehen.

» In einem Topf zirka einen halben Liter Wasser mit etwas Essig zum Kochen bringen, die Wachteleier einzeln in Tassen geben und im Essigsud pochieren, herausnehmen.

» Den Kaviar vorsichtig unter die Sahne rühren.

» Die noch lauwarmen Spargelstangen auf Teller verteilen, je 2 pochierte Wachteleier daraufsetzen und mit der Kaviarsahne umgießen.

KH E   F   sauer   kühlend

Gut zu wissen
Spargel ist eine der kalorienärmsten Gemüsesorten – 100 g haben nur 17 Kalorien. Der Hauptwirkstoff ist die Aminosäure Asparagin, die Nieren, Leber und Galle aktiviert. Damit wird nicht nur der Stoffwechsel angeregt, es ist auch ein Stoff, der uns insgesamt fit macht. Spargel stärkt die Nerven, unterstützt die Konzentration und fördert die Bildung von Glückshormonen im Gehirn.

Marinierte Jakobsmuscheln in Schnittlauchsauce

2 Personen
6 Jakobsmuscheln
3 EL leichtes Olivenöl
Saft von ½ Bio-Zitrone
Salz, Pfeffer aus der Mühle
100 ml Crème double oder
Crème fraîche
2 EL fein geschnittener Schnittlauch
1 EL fein geschnittener Kerbel
Salz
50 g Keta-Kaviar
einige kleine Salatblätter
Schnittlauch

422 kcal

» Die Jakobsmuscheln ausbrechen, putzen und gründlich wässern, in dünne Scheiben schneiden.

» In einer Schüssel Öl, Zitronensaft, Salz und Pfeffer gut miteinander verrühren.

» Crème double glattrühren, Salz, Schnittlauch und Kerbel dazugeben.

» Mit der Schnittlauchsauce einen Spiegel auf jeden Teller gießen, die Jakobsmuscheln beidseitig durch die Marinade ziehen, abstreifen und auf der Sauce anrichten, den Kaviar darüber verteilen und das Ganze mit kleinen Salatblättern und fein geschnittenem Schnittlauch garnieren.

E   F

sauer   ausgeglichen

Gut zu wissen

Die verschiedensten Nahrungsmittel haben den Ruf, Aphrodisiaka zu sein. Aus dem Meer sollen Austern, Kaviar, Garnelen und Hummer die Lust steigern. Bei den Gemüsen werden Artischocke, Trüffel, Spargel, Zwiebel, Tomate, Rettich, Sellerie, Feldsalat, Karotten und Paprika anregende Wirkungen nachgesagt. Aber auch Nüsse und Früchte wie Pinienkerne, Pistazien, Muskatnuss oder Melone, Granatapfel, Feige und Erdbeere bergen aphrodisische Wirkungen in sich.

Lachstartar

» Vom Fisch alle dunklen Stellen wegschneiden, dann das Lachsfleisch ganz klein würfeln. Marinade aus Salz, Pfeffer, Zitronensaft und Olivenöl leicht erwärmen und unter die Lachswürfel heben.

» Wichtig: Der Lachs muss ganz frisch sein!

» Das Brot toasten und mit reichlich Lachstartar bestreichen. Basilikumblätter grob zupfen und darüberstreuen.

KH   E   F   sauer   wärmend

2 Personen
300 g frischer, roher Lachs, enthäutet und entgrätet

Marinade:
Salz, frisch gemahlener Pfeffer
Saft von ½ Bio-Zitrone
1 EL Olivenöl
 Basilikumblätter oder Dill

4 Scheiben Weißbrot

433 kcal

Hähnchen-Melonen-Salat

» Melone halbieren, das Fruchtfleisch mit einem Kugelausstecher herauslösen oder würfeln. Tomaten vierteln, Trauben halbieren und eventuell entkernen. Geflügelfleisch von Haut und Knochen lösen und in mundgerechte Stücke teilen. Ananas in kleine Stückchen schneiden.

» Alle Zutaten mit Mango-Chutney und süßem Senf vermischen und den Salat im Kühlschrank etwa eine Stunde durchziehen lassen. Danach mit etwas Salz und Pfeffer abschmecken.

Mein Tipp
» Bewahren Sie die Melonenschale auf und füllen Sie den fertigen Salat vor dem Servieren in die beiden Melonenhälften.

KH   E   F   basisch   kühlend

2 Personen
1 Honigmelone
150 g Cocktailtomaten
100 g blaue Weintrauben
½ Brathuhn
¼ frische Ananas in Stückchen
2 EL Mango-Chutney
etwas süßer Senf
Salz, frisch gemahlener Pfeffer

555 kcal

Kartoffelmousse mit Kaviar

>> Kartoffeln waschen, in ca. 2 cm große Stücke schneiden und in Salzwasser gar kochen. Anschließend durch ein Sieb streichen. Die zerlassene Butter und die heiße Sahne mit dem Schneebesen einrühren. Mit Salz und Pfeffer würzen. Die Kartoffelmasse auf vorgewärmten Tellern anrichten, den Kaviar darauf geben. Mit einem Teelöffel die saure Sahne am Rand der Kartoffelmousse verteilen.

Mein Tipp

>> In einer kleinen Pfanne Butter erhitzen, Wachtelspiegeleier braten und diese dazu servieren.

2 Personen
2 große, mehlige Kartoffeln
50 g zerlassene Butter
50 ml Sahne
Salz, Pfeffer aus der Mühle
50 ml saure Sahne

Garnitur:
200 g Kaviar

609 kcal

KH   E   F   basisch   ausgeglichen

Rösti mit Gorgonzola und frischen Feigen

>> Rohe Kartoffeln schälen, in streichholzförmige Streifen schneiden, abtrocknen und würzen. In einer kleinen beschichteten Pfanne das Öl erhitzen, die Kartoffeln einschichten und goldgelb backen.

>> Den Käse und die Butter zusammen durch ein feines Sieb streichen. Die Feigen schälen und aufschneiden.

>> Die Kartoffel-Rösti auf vorgewärmte Teller setzen, den Gorgonzola darüber verteilen und mit den Feigen umlegen.

2 Personen
2 Kartoffeln
Salz, Pfeffer aus der Mühle
1 EL Olivenöl
60 g Gorgonzola
30 g Butter
2 frische blaue Feigen

357 kcal

KH   E   F   basisch   kühlend

Gratin von Himbeeren und Mango

4 Personen
1 reife Mango
400 g frische Himbeeren
1 TL Puderzucker
etwas Bio-Zitronensaft

Mandelcreme:
4 Eigelb
80 g Zucker oder Stevia
80 g Quark
3 EL Mandelmilch
einige Tropfen Bittermandelöl
4 Eiweiß
80 g Zucker oder Stevia
200 ml geschlagene Sahne

422 kcal

>> Mango schälen, entkernen und das Fruchtfleisch in Würfel schneiden. Himbeeren verlesen, 50 Gramm davon für Himbeermark durch ein Sieb streichen. Restliche Himbeeren mit den Mangowürfeln, dem Puderzucker, Himbeermark und Zitronensaft vorsichtig mischen und marinieren.

>> Eigelb und Zucker schaumig schlagen und mit dem durchpassierten Quark gut verrühren. Mandelmilch und Bittermandelöl zufügen. Eiweiß und Zucker schaumig aufschlagen und vorsichtig unter die Eigelb-Quark-Masse heben. Zuletzt die geschlagene Sahne unterziehen.

>> Die marinierten Früchte im Backofen etwas anwärmen, auf feuerfeste Schälchen verteilen und mit der Mandelcreme bedecken. Im Backrohr bei ca. 230 Grad Oberhitze gratinieren.

Mein Tipp
>> Garnieren Sie das Gratin mit frischen Himbeeren und Zitronenmelisse.

KH   E   F   sauer   kühlend

Gut zu wissen
Mangos sind der Star unter den exotischen Früchten, denn sie bremsen den Alterungsprozess im Gehirn und im Körper, sie sind reich an Carotenen, die unsere Haut schützen und B-Vitaminen, die die Nerven stärken. Wer regelmäßig Mangos isst, wird außerdem schneller braun und ist zugleich gut gegen die schädlichen UV-Strahlen geschützt – sieht einfach jünger aus und ist geistig besonders fit. Da der Fruchtzucker der Mango rasch ins Blut geht, bringt sie auch schnelle Energie.

Heiße Zimtschokolade

2 Personen
200 ml Milch
125 ml Sahne
2 EL feinste Trinkschokolade
Rum nach Geschmack
1 Prise Salz
½ Päckchen Vanillezucker
½ Zimtstange
Zimtpulver

282 kcal

» Die Milch und die Hälfte der Sahne in einem Topf erwärmen. Schokoladenpulver, Rum, Salz, Zimtstange und Vanillezucker dazugeben. Das Ganze einmal aufkochen lassen, die Zimtstange entfernen und die Schokolade in zwei Tassen gießen.

» Mit Sahnehäubchen garnieren und mit Zimt bestreuen, heiß servieren.

KH   E   F

neutral

wärmend

Liebestörtchen von der Kakaobohne

2 Personen
Mousse:
3 Eiweiß (nur von
frischen Bio-Eiern!)
40 g brauner Zucker
1 Eigelb
1 Ei
2 cl Grand Marnier
Salz
150 g Kuvertüre mit 70–85 %
Kakaoanteil
2 Blatt Gelatine
250 ml Sahne
Bitterschokoladen-
stückchen 70 %

Törtchen:
100 g Kuvertüre mit 70–85 %
Kakaoanteil

1255 kcal

» Kuvertüre in kleine Stücke brechen und im heißen Wasserbad erwärmen.

» Eigelb mit dem ganzen Ei und einer Prise Salz über Wasserbad schaumig schlagen. Eiweiß schlagen, nach und nach den Zucker dazugeben und zu einem schnittfesten Eischnee schlagen. Sahne schlagen und kühl stellen. Die geschmolzene Kuvertüre vorsichtig unter die Eigelbmasse rühren.

» Gelatine in kaltem Wasser einweichen, in Grand Marnier auflösen und unter die Masse rühren. Eischnee, geschlagene Sahne und Schokostückchen mit einem Schneebesen vorsichtig unterheben. Zugedeckt über Nacht kalt stellen.

» Mit einem scharfen Messer die Kuvertüre für die Törtchen zu groben Schokoladespänen schaben. Die Späne zu einem runden Boden von ca. 5 cm Durchmesser auflegen. Die gekühlte Mousse in einen Spritzsack füllen und ca. 1 cm hoch auf die Späne spritzen. Diese Schichten so lange wiederholen, bis das Törtchen ca. 5 cm hoch ist. Mit den restlichen Schokospänen umhüllen.

KH   E   F

sauer

wärmend

Rosenblütenhimbeeren

**Als Garnitur oder
einfach so – zum Verführen**
60 g Kristallzucker
Blätter von 3 ungespritzten
Rosenblüten
½ Bio-Zitrone
1 ungespritzte Rosenblüte
200 g frische Himbeeren
Staubzucker

» Zucker mit 60 ml Wasser kochen, bis er aufgelöst ist. Den Saft der halben Bio-Zitrone einrühren und die Rosenblütenblätter dazugeben. Zirka eine Stunde oder länger ziehen lassen.

» Himbeeren kurz vor dem Anrichten in den Rosenblättersirup legen.

» Teller mit Staubzucker bestreuen, Himbeeren und Rosenblätter daraufsetzen.

KH   basisch   kühlend

Liebeskekse

150 g Dinkelmehl
100 g brauner Zucker
50 g Butter
200 g geriebene Mandeln
1 ganzes Bio-Ei und 2 Eigelb
etwas Salz und Backpulver
45 g gemahlene Muskatnuss
20 g Zimtpulver
10 g Gewürznelkenpulver

151 kcal

» Alle Zutaten mischen und zu einem geschmeidigen Teig verkneten. Eine Rolle formen, in Folie wickeln und kühl stellen. Danach dünn ausrollen und mit einer Herzform Kekse ausstechen.

» Backblech mit Backpapier auslegen, Kekse bei 180 Grad ca. 5–8 Minuten backen, bis sie Farbe angenommen haben.

» 4–5 Kekse langsam genossen machen warm ums Herz.

KH   E   F   sauer   wärmend

Liebes-Menü

Ein Blick, ein Wort, eine Berührung – in der Liebe kommen alle Sinne ins Spiel. Wer es versteht, die Geschmacks- und Geruchsnerven der Partnerin/des Partners ausreichend zu stimulieren, braucht auf weitere Genüsse nicht lange zu verzichten. Denn beim gemeinsamen Kochen oder bei der Vorbereitung eines überraschenden Candle-Light-Dinners wird deutlich: Liebe geht eben doch durch den Magen!

Amors scharfes Tomatensüppchen

2 Personen
1 kleine Zwiebel
1 TL Rohrzucker
1 TL Tomatenmark
500 g Fleischtomaten
400 ml Bio-Gemüsebrühe
½ Chilischote
1 Spritzer Gin
2 EL kaltgepresstes Olivenöl
Salz, Pfeffer aus der Mühle
Crème fraîche
frische Basilikumblätter

143 kcal

» Die Zwiebel fein würfeln, in Olivenöl glasig dünsten, Rohrzucker und Tomatenmark dazu geben, umrühren. Tomaten vom Stielansatz befreien, fein würfeln, dazugeben und kurz andünsten. Mit der Gemüsebrühe ablösen, aufkochen und ca. 20 Minuten köcheln lassen. Chilischote entkernen, fein schneiden.

» Die Suppe mit dem Stabmixer pürieren und mit Chili, Salz und frischem Pfeffer abschmecken. In vorgewärmte tiefe Teller füllen und mit einem Löffel Crème fraîche und frischem Basilikum garnieren.

Mein Tipp
» Aus einer Honigmelone kleine Kugeln ausstechen und zusammen mit Kirschtomaten und Babymozzarella auf Holzspießchen stecken. Über den Tellerrand legen. Dazu knuspriges Baguette reichen.

KH   E   F

sauer

wärmend

Gambas mit Zitronengras und rotem Chili

» Gambas schälen, den Darm entfernen, in Butter sautieren, mit Salz und Pfeffer würzen.

» Die fein gehackte Schalotte und das zerkleinerte Zitronengras in der Butter farblos anschwitzen. Mit Noilly Prat ablöschen, mit dem Weißwein angießen. Leicht einkochen lassen und mit Gemüsebrühe auffüllen. Weiter köcheln lassen, bis etwa nur noch die Hälfte der Flüssigkeit übrig ist. Den Fond mit Sahne, Crème fraîche und etwas Butter binden. Mit Zitronensaft und Salz abschmecken. Durch ein feines Sieb passieren, dann die geschlagene Sahne zugeben und die Sauce nochmals aufmixen.

» Die Gambas auf einem Teller anrichten, die Sauce darüber geben und den fein gehackten roten Chili darüber streuen.

E   F   sauer   wärmend

2 Personen
8 Gambas
Butter
1 Msp. fein gehackten roten Chili
Salz, Pfeffer aus der Mühle
1 Schalotte
2 Stangen frisches Zitronengras
40 g Butter
1 Spritzer Noilly Prat
50 ml trockener Weißwein
500 ml Bio-Gemüsebrühe
100 ml Sahne
1 EL Crème fraîche
1 Bio-Zitrone
2 EL geschlagene Sahne

271 kcal

Holunderblütensüppchen mit Champagner und Walderdbeeren

>> Für den Sirup die Holunderblüten in ein Sieb geben und kurz mit Wasser überspülen. Dann mit Zucker und Wasser in einen Topf geben. Zitronensäure dazugeben. Zudecken und 2–3 Tage stehen lassen, ab und zu umrühren. Dann durch ein Sieb gießen und 350 ml davon abmessen.

>> Gelatine in kaltem Wasser einweichen.

>> Holunderblütensaft mit Moscato d'Asti und 100 ml Wasser in einem Topf mischen, einen Teil davon erwärmen.

>> Gelatine ausdrücken, darin auflösen und dann in die restliche Flüssigkeit einrühren. Am besten über Nacht kühl stellen – ergibt eine ganz leicht gelierende Masse.

>> Süppchen aus dem Kühlschrank nehmen, mit Champagner begießen und in tiefe Teller schöpfen. Walderdbeeren in die Mitte setzen, eventuell mit etwas Staubzucker bestreuen.

Mein Tipp

>> Gießen Sie bei Tisch noch etwas gut gekühlten Champagner darüber, sodass das Süppchen auch noch im Mund moussiert ...

KH   E   F

neutral

kühlend

4 Personen
Ruhezeit für den Sirup:
2–3 Tage

Holunderblütensirup:
30 Holunderblüten ohne Stiele
1 kg Zucker
1 l Wasser
10 g Zitronensäure

Für das Süppchen:
350 ml Holunderblütensaft
350 ml Moscato d'Asti oder
süßen Spumante
4 Blatt Gelatine
200 ml Champagner
250 g Walderdbeeren
Staubzucker

267 kcal

Café brulôt

2 Personen
4 Stück Würfelzucker
2 Gewürznelken
1 Stückchen Zimt-
stange (ca. 3 cm)
abgeriebene Schale
einer Bio-Zitrone
4 cl Cognac
2 Tassen sehr starker Espresso

46 kcal

» Zucker, Nelken, Zimt und Zitronenschale in einem kleinen Topf mischen, mit Cognac übergießen und mit heißem Kaffee auffüllen. Auf dem Herd ca. 2 Minuten durchziehen lassen. Absieben, in zwei Tassen füllen und sofort servieren.

Mein Tipp:
» Versehen sie den Café brulôt mit einer Sahnehaube und bestreuen Sie ihn mit Zimt.

» Dieser Kaffee ist ein echter Muntermacher!

KH   A   sauer   wärmend

Gut zu wissen
Wer das Lebensgefühl, das mit einem typischen italienischen Espresso einhergeht, in kleinen Schlucken genießt, dazu ein hauchdünnes Täfelchen Bitterschokolade genüsslich im Mund zergehen lässt, wird erstens keinen gesundheitlichen Schaden nehmen, schon weil echter italienischer Espresso viel bekömmlicher ist als normaler Kaffee. Zweitens entsteht ein Pauseneffekt, der das Lebensgefühl hebt und einen Schwung verleiht, der sich nicht nur gesund anfühlt, sondern sich auch so auswirkt.

Essen und genussvoll abnehmen

Wem eine Fastenzeit zu weit geht und wer mehr Abnehmen als Entgiften im Auge hat, kann es mit verschiedensten Reduktionskuren versuchen – von Reis- und Kartoffel- über Obsttage bis zur Gemüse- oder Krautsuppendiät.

Für und wider Diäten

Fast jeden Tag kann man in den einschlägigen Zeitschriften und Journalen von einer neuen, absolut wirksamen und wunderbaren Diät lesen. Vielleicht nimmt man damit auch in wenigen Tagen einiges ab – um dann nach kurzer Zeit wieder die gleichen Pölsterchen auf den Hüften zu haben.

Bei Kartoffel-, Reis- oder Gemüsetagen kommt es durch die damit sinnvollerweise einhergehende Salzenthaltung zu einer erleichternden Entwässerung des Organismus. Solch natriumarme und kaliumreiche Kost führt zu einem gewissen Gewichtsverlust. Allerdings sollten zum Beispiel die Varianten der Karottentage nicht übertrieben werden, denn Vitamin A im Exzess kann durchaus auch schaden.

Die Gemüsesuppen-Diät ist eine der beliebtesten und wahrscheinlich die effektivste Reduktionsdiät, die von ihren Auswirkungen noch sehr stark ans Fasten erinnert. Wird sie mit regelmäßiger Bewegung verbunden, handelt es sich hier sicher um die schnellste und dabei trotzdem gesündeste Form des Abnehmens und zugleich um ein beeindruckendes In-Form-kommen. Wer von dieser Suppenvariante, in der beliebig viel schmackhaftes Gemüse püriert oder auch in ganzen Stücken herumschwimmen darf, so viel isst, wie er mag, wird ein deutliches Empfinden von sättigendem Essen inklusive Kauen haben. Insofern gibt es hier von Anfang an kein Hungergefühl. Wann immer man will, kann man sich den Magen füllen.

Der Trick bei der Sache, der zuerst von der American Heart Association erkannt wurde, ist folgender: Der kalorische Inhalt der Gemüsesuppe ist ausgesprochen gering und obendrein so verpackt, dass es für den Körper maximalen Aufwand bedeutet, an den minimalen Nährwert heranzukommen. Er muss sich sozusagen beim Aufschließen dieser Gemüsearten so bemühen, dass er längst verbraucht hat, was er dann gewinnt. So kommt es, dass man bei dieser Diät so viel essen darf wie man will, allerdings immer nur Gemüsesuppe, deren Grundlage im Wesentlichen Weißkohl ist. Da der Effekt dieser Suppe so beeindruckend ist, haben sich schon Sterne- und Haubenköche wie Witzigmann und Schuhbeck an ihr versucht und tatsächlich ist einiges daraus zu machen, wenn auch nur wenig zu gewinnen – jedenfalls im Hinblick auf Kalorien. Es sich so richtig schmecken zu lassen und dabei abzunehmen, ist für viele an sich schon ein „gefundenes Fressen", das die Stimmung hebt.

Bewegen Sie sich!

Bei uns hat sich diese Form des essenden Fastens vor allem in Kombination mit intensiver Bewegung sehr bewährt. Beim Bergwandern und Nordic Walking ist diese Ernährungsform von großem Vorteil, weil sie nicht belastet im Sinne von Völlegefühl, andererseits aber das Gefühl von Energie und Kraft vermittelt, sodass niemand auf die Idee kommt, dass sein Organismus schon längst ans Eingemachte muss. Dass er dabei leistungsfähig bleibt und lange Wanderungen absolvieren kann, hat sich immer wieder gezeigt. Der Abnehmeffekt ist sogar noch ungleich höher als bei normalem Fasten, weil der Stoffwechsel hochgefahren wird und der Kalorienverbrauch mehr als doppelt so hoch sein kann, die Zufuhr aber in jedem Fall minimal bleibt. Durch entsprechende Kräuter und Gewürze (hot spices) kann der Suppe mit der Zeit eine zunehmende Schärfe verpasst werden, so dass der Darm obendrein noch zusätzlich aktiviert und in der Konsequenz gereinigt wird.

Schönheit kommt von innen

Dass Schönheit von innen kommt, ist hinlänglich bekannt. Da liegt es nahe, neben seelischen und emotionalen Faktoren auch an die Ernährung zu denken. Im indisch-ayurvedischen System geht man von einem Glücksstoff namens Ojas aus, der auch für Harmonie und Schönheit zuständig sei. Agni, das Verdauungs- und Stoffwechselfeuer, hat die Aufgabe, die Nahrung in Körpergewebe und Energie umzuwandeln. Dabei entsteht Ojas, die Glückssubstanz. Substanziell gar nicht greifbar handelt es sich dabei eher um feinstoffliche Energie als um Materie – eine Energieform, die die westliche Ernährungslehre noch nicht kennt. Nach indischer Vorstellung entwickelt sich Ojas in besonderem Maße aus der Zufriedenheit nach einem gesunden, geschmacklich anspruchsvollen, leicht verdaulichen Essen, nach dem man sich wohl und glücklich fühlt. Zu all dem passt natürlich, dass Ojas nicht nur aus Lebensmitteln gewonnen wird, sondern auch bei allen möglichen anderen Glückserfahrungen entsteht. Ojas löst mit seinen zauberhaften Wirkungen bei westli-chen Menschen große Faszination aus, zumal es neben Glücksgefühlen und einer entsprechenden Ausstrahlung auch noch Verjüngungsprozesse in Körper und Geist fördern soll. Da es aber als so immateriell beschrieben wird wie eben das Glück selbst, bleibt es eines der großen Geheimnisse der ayurvedischen Lebens- und Gesundheitslehre. Für die Gesunderhaltung wie auch bei der Behandlung von Krankheiten und sogar für die spirituelle Entfaltung spielt es eine entscheidende Rolle im Ayurveda, das wiederum der Ernährung eine entscheidend wichtige Rolle zugesteht.

Demnach wäre das ideale Essen für Schönheit vor allem eines, das in einer beglückenden Atmosphäre eingenommen wird. Danach erst kämen die materiellen Grundlagen. Diesbezüglich liegt auf der Hand, dass frische Kost auch für ein frischeres Aussehen verantwortlich ist. Da sie auch am meisten Vitamine, sekundäre Pflanzenstoffe und Antioxidanzien enthält, ist das heute sogar wissenschaftlich belegbar.

Die ideale Kombination

Die Suppe ist schon an sich reine Ballaststoffzufuhr – im Geschäftsleben würde es heißen: außer Spesen nichts gewesen. Wird dann noch mittels Schärfe nachgeheizt („hot spices"), kommt eine weitere Intensivierung des Stoffwechsels hinzu, aber auch eine deutliche Reinigung des Darmes.

Kombiniert mit Bewegung im Sauerstoffgleichgewicht, wie eben beim Bergwandern oder noch effektiver beim Nordic-Walking, werden die Verbrennungs- und damit Abnehmeffekte weiter verstärkt. Das Schöne ist, dass gar kein Mangelgefühl aufkommt, wenn die ganze Gruppe zusammen ausschließlich Suppe isst und jeder in seinem Rhythmus und doch alle zusammen sich auf den Weg machen.

Wer sich körperlich, seelisch, geistig und verdauungsmäßig bewegt, ist auf dem besten Weg, Gesundheit zu erlangen oder diese für kommende Zeiten zu sichern.

Magische Krautsuppe – Grundrezept

4 Personen
1 Kopf Weißkraut
6 Karotten
6 große Frühlingszwiebeln
2 grüne Paprikaschoten
1 Bund Stangensellerie
400 g grüne Bohnen
1 große Dose geschälte Tomaten
½ Tüte Zwiebelsuppe
frische Kräuter
Pfeffer

186 kcal

» Weißkraut vierteln, den Strunk entfernen und in Streifen schneiden. Paprika entkernen und würfeln. Karotten putzen und in Scheiben schneiden. Frühlingszwiebeln grob hacken.

» Stangensellerie von Strunk und Spitzen befreien, ein paar Blätter zum Garnieren aufheben, in kleine Stücke schneiden. Gemüse in einen großen Topf geben, mit Wasser auffüllen und zum Kochen bringen. Grob zerteilte Dosentomaten und Zwiebelsuppe einrühren. Hitze reduzieren und so lange köcheln lassen, bis das Gemüse bissfest ist.

Mein Tipp:
» Zur jeweiligen Mahlzeit reichlich frische Kräuter nach Wahl dazugeben und mit Sellerieblättchen bestreuen.

KH   E   F   basisch   ausgeglichen

Die Magische Woche:
Krautsuppe nach Herzenslust essen – und dazu:
1. Tag: Obst – erlaubt sind alle Früchte, roh oder gekocht, außer Bananen
2. Tag: Gemüse – alle Gemüsesorten, roh oder gekocht, außer Bohnen, Erbsen und Mais
3. Tag: Obst und Gemüse – außer den oben genannten Sorten
4. Tag: 3–4 Bananen und magere Milchprodukte – kein anderes Obst und Gemüse!
5. Tag: 6 Tomaten und Fisch – am besten gedämpft
6. Tag: Geflügel und grüner Salat
7. Tag: Naturreis und Gemüse als Abschluss

Trinken Sie viel Wasser, Tee oder verdünnte Obstsäfte, aber keinen Alkohol!

Gourmetkrautsüppchen nach Eckart Witzigmann

4 Personen
500 g Weißkraut
170 g Karotten
170 g Stangensellerie
150 g weiße Zwiebeln
150 g Lauch
300 g Blumenkohl
300 g Strauchtomaten
20 g frischer Knoblauch
200 ml pürierte, geschälte
Tomaten
Olivenöl
1,5 l Wasser
2 Würfel Bio-Gemüsebrühe
1 EL zerstoßener Koriander
1 EL gehackter Kümmel
1 EL gelbes Currypulver
2 kleine getrocknete
Chilischoten
2 Lorbeerblätter
1 Spritzer Sojasauce
2 cm frischer Ingwer
zum Reiben
frischer Koriander, frische
Petersilie, Zitronengras

336 kcal

» Zwiebel und Lauch in dünne Ringe schneiden und in Olivenöl andünsten. Mit Curry würzen, den gehackten Kümmel und Knoblauch dazugeben und köcheln lassen. Anschließend Karotten- und Selleriewürfel sowie das Weißkraut, die Blumenkohlröschen und die Tomatenwürfel dazugeben und mit Wasser aufgießen.

» Zerstoßenen Koriander, Suppenwürfel, Lorbeerblätter, gehackte Chilis, Ingwer und Zitronengras dazugeben und aufkochen. 10 Minuten kochen lassen, dann Temperatur reduzieren und köcheln, bis das Gemüse bissfest ist. Mit frischen Kräutern bestreuen.

Mein Tipp

» Wärmen Sie immer nur so viel, wie Sie gerade brauchen, dann bleibt das Gemüse schön knackig.

KH   E   F   basisch   wärmend

Gut zu wissen

Es ist wirklich erstaunlich, dass Kraut fast alles zu bieten hat, was unsere Gesundheit dringend benötigt. Da sind die Vitamine der B-Gruppe, das Provitamin A, wichtige sekundäre Pflanzenstoffe, die für uns gesundheitsfördernd, z. B. krebshemmend sind, und wie schon erwähnt, eine gehörige Portion Vitamin C. Noch zu erwähnen wären die Mineralstoffe Kalzium, Kalium, Phosphor, Magnesium, Natrium und das wichtige, zur Blutbildung nötige Eisen.

Krautminestrone

» Zwiebel und Knoblauch fein hacken, Gemüse fein schneiden. Olivenöl erhitzen, Zwiebel und Knoblauch andünsten, mit Wasser aufgießen, Gemüsesuppenwürfel zugeben und zugedeckt 10 Minuten kochen lassen.

» Gemüse zugeben, mit Muskat, Ingwer und Pfeffer würzen, weitere 5 Minuten kochen lassen. Zuletzt die Zucchinistückchen und Champignonscheiben mit den frisch gehackten Kräutern untermischen und noch kurz erhitzen.

KH   E   F | basisch | wärmend

4 Personen
1 große weiße Zwiebel
1 große Knoblauchzehe
2 Karotten
je ½ gelben und roten Paprika
100 g grüne Bohnen
300 g Weißkraut
2 Stiele Stangensellerie
1 kleiner Zucchino
100 g braune Champignons
2 TL Olivenöl
1,5 l Wasser
1 Würfel Bio-Gemüsebrühe
1 TL frischer Ingwer
Muskat, Pfeffer aus der Mühle
frisches Basilikum, Oregano,
Thymian und Minze

87 kcal

Thai-Krautsuppe

» Alle Gemüse putzen und fein schneiden. Gemüsebrühe mit Ingwer, Curry und der Zitronenschale 5 Minuten köcheln lassen. Dann das Gemüse dazugeben und bei schwacher Hitze ca. 10 Minuten kochen lassen. Mit frischem Pfeffer, Chili, Sojasauce und Zitronensaft abschmecken, zuletzt die frisch gehackten Korianderstängel unterrühren.

KH   E | basisch | wärmend

Gut zu wissen

Koriandergrün vorsichtig dosieren! Der Geschmack hat ein leicht seifiges Flair und ist nicht jedermanns Sache. Möglichst fein schneiden und erst über die fertige Mahlzeit streuen.
Im Orient und in Südamerika verwendet man es wie Petersiliengrün.

4 Personen
2 Frühlingszwiebeln
1 Knoblauchzehe
2 Karotten
300 g Weißkraut
150 g Brokkoli
4 Stängel fr. Koriandergrün
1,5 l Wasser
1 Würfel Bio-Gemüsebrühe
je 1 TL frischer Ingwer und Curry
2 TL Sojasauce
abgeriebene Schale und etwas
Saft von ½ unbehandelten
Bio-Zitrone
etwas Chilipulver
Pfeffer aus der Mühle

43 kcal

Asiatische Hühnersuppe

4 Personen
1 Lauchstange
1 Karotte
20 g Shiitakepilze
50 g Hühnerbrustfilet
2 TL frischer Ingwer
½ EL Oliven- oder Erdnussöl
½ EL Sojasauce
500 ml Bio-Gemüsebrühe
2 EL Alfalfa-Sprossen
Salz, Pfeffer aus der Mühle

51 kcal

» Karotte, Lauch und Pilze klein schneiden, Hühnerbrust in Streifen schneiden. Olivenöl erhitzen, Fleisch anbraten, Gemüse und gehackten Ingwer zugeben, kurz andünsten und würzen. Gemüsebrühe und Sojasauce zugeben und 15 Minuten kochen lassen. Zuletzt die Sprossen in die Suppe geben.

KH   E   F | basisch | wärmend

Erbsencremesuppe mit Garnelenspieß

4 Personen
4 frische Garnelen
1 Knoblauchzehe
1 EL Olivenöl
1 mehlige Kartoffel
200 g tiefgekühlte Erbsen
300 ml Bio-Gemüsebrühe
1 EL Sahne
Salz, Pfeffer aus der Mühle
frische glatte Petersilie

122 kcal

» Garnelen waschen, Schale und Darm entfernen. Knoblauch fein hacken, mit Olivenöl, Salz und Pfeffer mischen und die Garnelen darin marinieren.

» Kartoffel schälen, würfeln und in der Brühe ca. 10 Minuten kochen, Erbsen zugeben, weitere 5 Minuten köcheln lassen, würzen und mit dem Stabmixer pürieren.

» Garnelen auf einen Holzspieß stecken, die Marinade in einer Pfanne erhitzen und den Spieß von beiden Seiten 4 Minuten braten.

» Sahne in die Suppe rühren und abschmecken, gehackte Petersilie über den Spieß streuen und mit der Suppe servieren.

KH   E   F | sauer | ausgeglichen

Gemüsepüree-Variationen

» Petersilie von den Stängeln zupfen und fein hacken. Butter aufschäumen lassen, Spinatblätter und Petersilie beigeben. Crème double einrühren und aufkochen lassen. Mit dem Stabmixer pürieren, mit Salz und Pfeffer abschmecken und die geschlagene Sahne unterziehen.

» Paprikaschoten entkernen und quer schneiden. In Butter anschwitzen, mit Gemüsebrühe aufgießen und weich kochen. Pürieren, Sahne beigeben, mit Salz und Pfeffer abschmecken.

» Sellerie schälen, klein schneiden und in wenig Salzwasser dünsten. Crème double dazugeben, kurz mitkochen und im Mixer sehr fein pürieren. Warme Butter und geschlagene Sahne unterziehen und salzen.

» Karotten schälen, schneiden und in Butter anschwitzen. Gemüsebrühe angießen, Sahne beifügen, pürieren und mit Salz abschmecken.

KH E   F   basisch   ausgeglichen

Gut zu wissen
Von allen Gewürzkräutern enthält Petersilie am meisten Vitamin C und hat einen besonders hohen Anteil an Betakarotin. Die Inhaltsstoffe von Kraut und Wurzel unterstützen die Verdauung und machen schwere Speisen bekömmlicher. Vitamin A und Betakarotin gelten als besonders wichtige Nährstoffe für die Gehirntätigkeit.

4 Personen
Petersilienpüree
je 100 g glatte und krause Petersilie
50 g Blattspinat ohne Stiele
20 g Butter
250 ml Crème double
1 EL geschlagene Sahne
Salz, Pfeffer aus der Mühle

Paprikapüree
500 g rote Paprikaschoten
50 g Butter
500 ml Gemüsebrühe
50 ml Sahne
Salz

Selleriepüree
500 g Sellerie
5 EL Crème double
50 g Butter
1 EL geschlagene Sahne
Salz

Karottenpüree
500 g Karotten
250 ml Gemüsebrühe
50 g Butter
50 ml Sahne
Salz

386 kcal

Dorade auf Lauch

2 Personen
2 Doradenfilets à ca. 400 g
4 Lauchstangen
100 ml Bio-Gemüsebrühe
1 EL kaltgepresstes Olivenöl
1 EL Reisessig
1 TL Bienenhonig
frischer Ingwer
2 Dillzweige
Salz

304 kcal

>> Die dunkelgrünen Blätter vom Lauch entfernen und die Stangen diagonal in Stücke schneiden. Wok erhitzen, wenig Öl zugeben, den Lauch kurz anbraten und mit der Gemüsebrühe ablöschen. Etwas dünsten lassen, dann Reisessig und Honig zufügen und weitere 3 Minuten köcheln lassen.

>> Fischfilets putzen, salzen und mit etwas gehacktem Ingwer und Dill würzen. Insgesamt ca. 10 Minuten auf beiden Seiten grillen und warm stellen. Den restlichen Ingwer in dünne Streifen schneiden und in kochendem Wasser ca. 10 Minuten ziehen lassen.

>> Lauch in tiefen gewärmten Tellern anrichten und die Fischfilets daraufsetzen. Mit den Ingwerstreifen garnieren.

KH   E   F

sauer

wärmend

Spargelnudeln mit Wildlachs

2 Personen
300 g frischer Wildlachs
8 frische weiße Solospargel
2 Passionsfrüchte
1 Limette
½ frische rote Chilischote
kaltgepresstes Olivenöl
frischer Dill
Salz

397 kcal

>> Spargel schälen und längs in dünne Streifen schneiden, in Eiswasser legen. Limette schälen, von der weißen Haut befreien und klein würfeln. Chili fein hacken. Wildlachs in ca. 1 cm große Würfel schneiden.

>> Limettenstückchen mit der gehackten Chilischote, dem Passionsfruchtfleisch und zwei Löffeln Olivenöl leicht vermischen. Mit Salz abschmecken und die Lachswürfel darin marinieren.

>> „Spargelnudeln" aus dem Wasser nehmen, mit Küchenkrepp trocken tupfen und mit dem restlichen Olivenöl vermischen. Leicht salzen und auf gekühlten Tellern wie ein Nest anrichten. Den Fisch daraufgeben und mit frischem Dill und etwas Passionsfruchtfleisch garnieren.

KH   E   F

sauer

ausgeglichen

Seeteufel und Gambas auf Wokgemüse

2 Personen
400 g Seeteufel
4 geschälte Gambas
20 g frischer Ingwer
frischer Thaikoriander
1 EL Sesamöl
Salz, roter Pfeffer

Wokgemüse:
4 grüne Spargel
4 Blätter Wirsingkohl
100 g Zuckerschoten
1 kleiner Kohlrabi
1 Lauchstange
6 braune Champignons
6 Shiitakepilze
1 EL Sesamöl
2 EL Fischsauce aus dem
Orientladen

417 kcal

» Gemüse waschen, putzen und in Rauten schneiden. Sesamöl im Wok erhitzen und das Gemüse darin sautieren. Fischsauce unterrühren.

» Seeteufel in Würfel schneiden, mit den Gambas auf Holzspieße stecken und salzen. Grillen oder mit etwas Sesamöl auf beiden Seiten goldbraun braten. Ingwer schälen, in dünne Scheiben schneiden und kurz grillen.

» Gemüse auf Teller verteilen, Fischspieße darauf drapieren. Mit Ingwerscheiben und Thaikorianderblättern garnieren, roten Pfeffer darübermahlen.

KH   E   F   sauer   wärmend

Ricottagnocchi

2 Personen
200 g magerer Ricotta
2 Bio-Eier
1 EL Vollkornmehl
1 EL Vollkornbrösel
je 100 g Karotten-, Spinat- und
Blumenkohlpüree
500 ml Bio-Gemüsebrühe
Sesamöl

311 kcal

» Ricotta mit den Eiern, Vollkornmehl und Bröseln verrühren. In drei Teile teilen und die Gemüsepürees dazugeben. Mit zwei Suppenlöffeln Nocken formen und in der Gemüsebrühe ca. 7 Minuten leicht kochen lassen. Mit etwas Sesamöl beträufelt servieren.

Mein Tipp
» Diese Gnocchi kann man aus beliebigem Gemüse oder Pilzen machen.

KH   E   F   sauer   ausgeglichen

Früchtesushi

» Die Früchte schälen und in kleine Würfel schneiden, dabei eine dünne Scheibe jeder Frucht zur Garnierung auf die Seite geben.

» Bio-Apfelsaft mit Agar-Agar und Honig einige Minuten kochen lassen. In 5 Teile teilen und vorsichtig mit den verschiedenen Früchten vermischen. Mit zwei Suppenlöffeln Nocken formen und mit den Fruchtscheiben garnieren.

KH   E   basisch   kühlend

4 Personen
2 reife Mangos
1 reife Papaya
3 Kiwis
2 Bio-Äpfel
200 g Erdbeeren
150 ml Bio-Apfelsaft
1 EL Agar-Agar
2 EL Honig

200 kcal

Waldbeeren-Agar-Agar

» Die Beeren zusammen mit dem Wasser und Honig ca. 10 Minuten kochen. In einem Mixer pürieren und durch ein Sieb streichen.

» Agar-Agar in wenig Wasser auflösen und zum Fruchtmus geben, weitere 2–3 Minuten köcheln lassen.

» Puddingförmchen oder Guglhupfform mit Klarsichtfolie auslegen, Mus einfüllen und ca. 6 Stunden in den Tiefkühlschrank stellen. Auf Teller stürzen und mit frischen Beeren und Minze garnieren.

Mein Tipp
» Anstatt Beeren kann man auch andere Früchte wie Mangos, Papayas oder Pfirsiche verwenden.

KH   E   F   basisch   kühlend

4 Personen
1 kg gemischte Waldbeeren
25 g Agar-Agar
100 ml Wasser
2 EL Honig

133 kcal

Essen nach dem Fasten

Die wundervollen Auswirkungen bewussten Nahrungsverzichtes im Sinne des Fastens sind bekannt. Essen ist eigentlich eine Belastung für den Körper – insofern sollte es immer so leicht wie möglich sein oder, wie die Haubenköchin Johanna Maier sagt, gutes Essen sollte so leicht sein, dass man sich danach noch lieben mag. Kaum beginnt der Verdauungsprozess, steigen die weißen Blutkörperchen an und zeigen, dass hier eine Abwehrschlacht in Gang kommt. Fremdes muss integriert und zuerst einmal im wahrsten Sinne des Wortes entschärft werden. Der Prozess des Einverleibens, bei dem Fremdes zu Eigenem gemacht wird, ist anstrengend und kostet den Organismus Energie und Kraft. Deshalb schwächt fast jedes auch noch so leichte Essen zuerst einmal.

So steigen Sie leicht wieder ein

Die moderne Küche versucht schon so gut es geht, leicht und bekömmlich zu kochen und den Organismus so wenig wie möglich mit schweren Speisen zu belasten. Im Laufe der Zeiten hat sich der Ernährungsschwerpunkt immer mehr vom Kalorienreichtum in Richtung leichter Bekömmlichkeit verschoben. Diesem Trend trägt ja auch unser Buch Rechnung.

Die leichteste Ernährungsform ist natürlich der Verzicht auf Nahrung und die Selbstversorgung aus den Bindegewebspeichern des eigenen Körperlandes. Dabei fällt die ganze Verdauungsarbeit weg, denn sie ist praktisch schon geleistet worden, als die Fette, die jetzt verbraucht werden, eingelagert wurden. Natürlich lebt man vom eigenen Fett sogar besser als von dem von Schweinen. Was „auf den Tisch" kommt, bestimmt jetzt der „Innere Arzt", wie Paracelsus ihn nannte. Er ist vielleicht nicht der beste Koch im Sinne von Sternen und Hauben, aber er serviert auf alle Fälle die nachhaltigsten und langfristig gesündesten Menüs. Denn aus dem eigenen Bindegewebe ruft er genau jene Stoffe ab, die früher abgelagert wurden und auf die am leichtesten verzichtet werden kann. So kommen zuerst all die nicht unbedingt notwendigen Ablagerungen aus den verschiedenen Körperbaustellen auf den Tisch des Körperhauses. Danach werden systematisch die Speicherräume des Fettgewebes, einer Unterabteilung des Bindegewebes, geleert. Das Lebensgefühl dabei wird folglich von der Qualität der damals eingelagerten Dinge bestimmt.

Wie einem das alles bekommt und wie man sich also beim Fasten fühlt, hat vor allem mit der vorausgegangenen Lebensführung zu tun. Der „Innere Arzt" ist jedenfalls der beste Arzt, den wir haben. Er kann uns aber nur mit dem versorgen, was wir ihm zur Verfügung gestellt haben. Er geht damit so verantwortlich um,

wie es eben möglich ist, um unseren Organismus länger zu erhalten und fit zu machen. In Bezug auf Happy-Aging ist Fasten sicher die erfolgversprechendste Methode, was sogar Tierexperimente verdeutlichten.

Ein weiterer, nicht hoch genug einzuschätzender Vorteil des Fastens ist die Zäsur im normalen Lebensalltag, die jedes Fasten mit sich bringt, verbunden mit der Chance eines echten Neuanfangs. Der Aufbau kann die Wende in der Esskultur bringen, weil nun die Geschmacksorgane regeneriert und wach sind. Gewürze und Kräuter werden in ihren feinen Geschmacksnuancen ungleich besser erkannt und geschätzt. Alles wirkt stärker und intensiver – bis hin zum Alkohol, dessen Wirkung sich subjektiv enorm verstärkt.

Ein neues Bewusstsein

Diese Zeit erhöhter Sensibilität wäre also ideal, um bewusster und achtsamer mit Lebensmitteln umzugehen und den Genuss von Anfang an auf ein ganz neues Niveau zu bringen. Jeder Neubeginn beinhaltet Chancen, oder wie Hermann Hesse sagte:

„Jedem Anfang wohnt ein Zauber inne." Der Zauber des ersten Essens nach einer längeren Pause erschließt sich jedem spontan und wäre nutzbar, um aus dem Essen eine zauberhafte Regenerationszeit zu machen. Die entsprechenden Gerichte dazu könnten diesen Zauber widerspiegeln und mit dem entsprechenden Genuss verbinden.

Unter Autofahrern sind die besten Fahrer auch nicht diejenigen, die einfach stur und lange durchhalten, sondern eher jene Verantwortungsbewussten, die nach den notwendigen Regenerationspausen wieder mit vol-ler Konzentration starten. Beim Essen ist es ganz ähnlich. Wer Essenspausen macht, fährt in jeder Hinsicht besser. Das gilt für jeden Tag.

Die Nacht sollte eine so lange Verdauungspause sein, dass das Frühstück wirklich ein Break-Fast, ein Fastenbrechen ist, wie die Angelsachsen so richtig sagen.

Fasten- und Regenerationszeiten

Dies gilt aber in der Analogie mindestens ebenso für den Jahreslauf. Hier würde es eine enorme Erleichterung für den Organismus bedeuten, wenn er zweimal – im Frühling und Herbst – solch eine Regenerationszeit eingeräumt bekäme. Wenn sich alle Körpersysteme erholt und regeneriert haben, schmeckt es danach nicht nur besser, die Nahrung kann auch besser verdaut und verteilt werden und wird mehr Energie schenken. Selbst die Leber, unser Entgiftungsorgan, erholt sich fastend in idealer und wirklich beeindruckender Weise.

Ähnlich ergeht es anderen Organen, die die Ruhephase für aufgeschobene Reparaturen und Neuanpassungen nutzen. Wie gewaltig diese Möglichkeiten sind, zeigt Hildegard von Bingens Erfahrung, dass Fasten von den 35 ihr bekannten Lastern 29 heilen kann und nur fünf unbeeinflusst lässt. Die große Kraft des Essens ist unbestritten und der Sieg über den Hunger wohl der entscheidende Faktor bei der dramatischen Verlängerung der Lebenserwartung. Der andere Sieg über den Hunger, der im Fasten liegt, ist nicht minder eindrucksvoll, und kann die menschliche Lebensqualität ebenso entscheidend verbessern. Nach dem Fasten kann das Leben ganz anders erfasst und begriffen werden und Tore zu anderen Dimensionen öffnen sich. Natürlich muss – je nach Länge der Fastenzeit – der Aufbau verschieden lange dauern. Grob sollte er die halbe Fastenzeit umfassen. Wer also eine Woche gefastet hat, kann sich ruhig vier Tage gönnen, um sein Genussleben neuerlich bewusst aufzubauen. Dass dabei der erste Aufbautag noch eher dem Fasten ähnelt und der vierte schon ziemlich dem normalen Ernährungsleben, versteht sich von selbst.

Ein Fest für die Sinne

Nach dem Fasten kann fast jeder kochen, denn schon Pellkartoffeln mit Quark sind ein Hochgenuss, wenn man die richtigen Kräuter dazugibt. Insofern wäre die Aufbauzeit auch ideal, um eigene Schritte ins Land des Kochens zu wagen. Die einfachsten Dinge bekommen wieder ihren ganz eigenen Charme. Sich gerade in solch einer sensiblen Zeit zu unkomplizierten eigenen Schritten inspirieren zu lassen, könnte einen Schritt in Neuland und zum wahren Essens-

genuss bedeuten. Beim Einfachsten wird der Unterschied deutlich zwischen kochen und zaubern. Lassen Sie sich also nach einer vielleicht nicht immer leichten, zum Schluss aber gewiss fabelhaften Fastenzeit von diesen Gerichten verzaubern. Sie sind die ideale Grundlage, sein Essen und Leben auf ein neues Niveau zu bringen.

Selleriebrühe

Auch für die Fastenzeit geeignet

4 Personen
1 l Wasser
250 g Knollensellerie
1 Karotte
½ Stange Lauch
1 Prise Muskatnuss
4 TL frisch gehackte
Petersilie

0 kcal

» Wasser zum Kochen bringen, Gemüse waschen und ungeschält zerkleinern, 15–20 Minuten kochen. Die Suppe durch ein Sieb gießen, Petersilie und Muskatnuss darüberstreuen.

KH　　　　E　　　　　　basisch　　　　ausgeglichen

Karottenbrühe

Auch für die Fastenzeit geeignet

4 Personen
1 l Wasser
250 g Karotten
½ Stange Lauch
1 kleine Petersilienwurzel
3 Blättchen Liebstöckel
4 TL frisch gehackte
Petersilie

0 kcal

» Wasser zum Kochen bringen, Gemüse waschen und ungeschält zerkleinern, Gemüse und Blätter 15–20 Minuten kochen. Die Suppe durch ein Sieb gießen, Petersilie darüberstreuen, nach Belieben pfeffern.

KH　　　　E　　　　　　basisch　　　　ausgeglichen

Gut zu wissen
Gemüse eignet sich hervorragend für den Wiedereinstieg. Es ist bekömmlich, leicht verdaulich und basisch – also geradezu ideal für eine leichte Mahlzeit.

Warmer Getreideschrotbrei

» Weizenschrot mit dem klein geschnittenen Trockenobst oder Rosinen abends mit 4 EL Wasser einweichen. Am Morgen mit Wasser zum Kochen bringen und 5 Minuten ausquellen lassen. Sanddornsirup und Sahne unterrühren.

KH   E   F   basisch   ausgeglichen

1 Person
2 EL grob geschroteter Weizen
1 Backpflaume oder andere Trockenfrüchte
100 ml Wasser
1 TL Sanddornsirup
2 EL Sahne

33 kcal

Kalte Zucchinisuppe

» Zwiebel klein schneiden und in etwas Weißwein weich dünsten. Zucchini in kleine Stücke schneiden, mit der Gemüsebrühe zufügen und ca. 10 Minuten köcheln lassen. Kalt stellen.

» Gurke schälen und entkernen, zusammen mit der kalten Suppe im Mixer pürieren. In einen tiefen Teller geben und mit Kürbiskernöl beträufeln.

Mein Tipp
» Garnieren Sie die Suppe mit frischen Minze- oder Thymianblättern.

KH   E   F   basisch   ausgeglichen

1 Person
2 mittelgroße Zucchini
1 Frühlingszwiebel
¼ Gurke
250 ml Bio-Gemüsebrühe
etwas trockener Weißwein
Kürbiskernöl

34 kcal

Gut zu wissen
Weil Zucchini besonders leicht bekömmlich sind, werden sie gerne für Diät- und Schonkost verwendet. Sie regen die Darmtätigkeit an und kräftigen das Immunsystem. Außerdem verbessern sie den Stoffwechsel der Haut.

Gemüse-Kartoffel-Suppe

1 Person
je ca.30 g Karotte, Lauch und
Sellerie
1 kleine Kartoffel
250 ml Wasser
1 Bio-Gemüsesuppenwürfel,
ohne Salz
Majoran
frisch gehackte Petersilie oder
andere Kräuter

16 kcal

» Gemüse und Kartoffel schälen und in kleine Stücke schneiden. Wasser zum Kochen bringen, Gemüse, Kartoffel und Suppenwürfel zufügen und ca. 15 Minuten zugedeckt kochen lassen. Eventuell noch heißes Wasser zugeben und mit den Kräutern abschmecken.

Mein Tipp

» Die Suppe schmeckt auch gut püriert, dann kann man ein paar Croûtons darüberstreuen.

KH   E   basisch   ausgeglichen

Pinzimonio

4 Personen
4 Reisblätter
12 zarte Frühlingskarotten
8 Radicchioblätter
4 Chicoréeblätter
4 Frühlingszwiebeln, längs
geviertelt
8 junge wilde Spargel
4 Fenchelherzen
4 Stängel Stangensellerie,
längs halbiert
frische Erbsensprossen
chinesische Enoki-Pilze

79 kcal

» Reisblätter für 10 Minuten in kaltem Wasser einweichen. Währenddessen das Gemüse putzen und in Streifen schneiden. In vier Portionen teilen und in die Reisblätter wickeln.

» Mit Kräutersauce (siehe Ofenkartoffeln) servieren.

KH   E   F   basisch   ausgeglichen

Kalte Hanfsuppe mit Gemüse

» Spargelenden abschneiden, Spitzen beiseite geben, die Stangen mit der Petersilie pürieren. Spargelmus mit Selleriesaft verrühren und durch ein Sieb streichen.

» Hanfmilch mit dem Kartoffelpüree und 1 EL Olivenöl verrühren. Mit Salz, Muskatnuss und frischem Pfeffer abschmecken. Spargelmus unterrühren und kühl stellen.

» Kohlrabi und Karotten putzen und in kleine Stücke schneiden, zusammen mit den Zuckerschoten und den Spargelspitzen bissfest dämpfen, salzen.

» Hanfsamen ohne Fett leicht rösten.

» Gemüse in Teller legen, kalte Suppe darüber verteilen, mit Hanfsamen bestreuen.

Mein Tipp

» Kartoffelpüree lässt sich ganz einfach herstellen und vielfach einsetzen. Einfach mehlige Kartoffeln schälen, in kleine Stücke schneiden und in Salzwasser weich kochen. Durch ein Sieb streichen und mit so viel heißer Milch verrühren, bis sich ein flaumiger Brei ergibt.

KH   E   F | basisch | ausgeglichen

4 Personen
1 Bund grüner Spargel
eine Handvoll Zuckererbsenschoten
1 Kohlrabi
1 Bund frische zarte Karotten
60 ml Selleriesaft
125 ml Hanfmilch
250 g Kartoffelpüree
3 EL frisch gehackte glatte
Petersilie
2 TL Hanfsamen
Olivenöl
Muskatnuss
Salz, Pfeffer aus der Mühle

341 kcal

Gemüse vom Grill

4 Personen
1 Karotte
1 Zucchino
2 Frühlingszwiebeln
2 Petersilienwurzeln
½ Sellerieknolle
1 roter Paprika
1 Fenchelknolle
2 Knoblauchzehen
2 EL Walnussöl

79 kcal

>> Gemüse schälen und in kleine Rauten schneiden. Backrohr auf 200 Grad vorheizen, Gemüse auf einem Backblech ca. 20 Minuten braten, immer wieder wenden. Mit dem Walnussöl marinieren und mit frischen Kräutern bestreuen.

KH   E   F   basisch   ausgeglichen

Couscous mit Gemüse

4 Personen
40 g Vollkorn-Couscous
300 g reife Tomaten
200 g Kürbis
200 g Zucchini
1 roter Paprika
1 Karotte
2 Zwiebeln
2 Knoblauchzehen
1 Paket Tofu mit Nüssen
Olivenöl
1,5 l Bio-Gemüsebrühe
150 g Tomatenmark
50 g geröstete Pinienkerne
30 g Rosinen
1 Handvoll gekochte
Kichererbsen
2 TL Gewürze (Ingwer, Safran,
Kurkuma)
frischer Koriander

328 kcal

>> Couscous nach Packungsanleitung zubereiten.

>> Gemüse putzen und in Stücke schneiden. Zwiebeln und 1 Knoblauchzehe fein hacken und in etwas Olivenöl leicht bräunen, Gemüsebrühe, Tomatenmark und 1 TL Gewürze zufügen.

>> Leicht köcheln lassen, Gemüse nach und nach zugeben (je nach Kochdauer). Etwa 20 Minuten köcheln lassen, dann Kichererbsen dazugeben.

>> Währenddessen den Tofu im Mixer pürieren, 1 fein gehackte Knoblauchzehe, 1 TL Gewürze, Pinienkerne, Rosinen und frisch gehackten Koriander zugeben, gut vermischen. Kleine Bällchen aus der Masse formen und so lange grillen, bis sie leicht gebräunt sind.

>> Drei Schüsseln anrichten: eine mit Brühe, eine mit Gemüse und Tofubällchen und eine mit dem Couscous.

KH   E   F   basisch   wärmend

Getreiderisotto mit Kräutern

4 Personen
250 g Gerste
100 g Dinkel
1 mittelgroße Zwiebel
2 l Bio-Gemüsebrühe
1 TL Tamari
Olivenöl
frisch gehackte Kräuter
(Schnittlauch, Petersilie, Basilikum, Minze)

307 kcal

>> Getreide zirka 3 Stunden einweichen, dann waschen.

>> Zwiebel fein schneiden und in etwas Gemüsebrühe dünsten, dann die beiden Getreide und die restliche Brühe zufügen. Leicht köcheln lassen, bis die Flüssigkeit verdunstet ist. Olivenöl, Tamari und frische Kräuter unterrühren.

KH   E   F   basisch   ausgeglichen

Ofenkartoffeln mit Kräutersauce

1 Person
2 mittlere fest kochende
Kartoffeln
1 TL Olivenöl
Kümmel
Majoran
2 EL Magerquark
1 EL Milch oder Wasser
1 TL Sonnenblumenöl
½ Knoblauchzehe
Majoran und frischer Rosmarin

200 kcal

>> Das Backrohr auf 200 Grad vorheizen. Ein Backblech zur Hälfte mit dem Öl einpinseln.

>> Kartoffeln waschen, mit der Schale längs zweimal durchschneiden, würzen und mit der Schnittfläche auf das Blech setzen. Leicht ölen und nochmals würzen, in ca. 25 Minuten garen, eventuell wenden.

>> Den Quark mit Milch oder Wasser und dem Sonnenblumenöl glatt rühren. Knoblauchzehe auspressen und mit den gehackten Kräutern unter die Sauce ziehen.

KH   E   F   basisch   wärmend

Ein Fest nach dem Fasten

Der Wiedereinstieg ins Essen kann zum Fest werden und einfachste Speisen zu Festgelagen. Um solche Sinnenfeste anzurichten und sie auch einschätzen zu können, muss man allerdings selbst gefastet haben. Nur dann kann sich einem der volle Charme des Einfachen und Natürlichen erschließen.

Sommerminestrone

1 Person
1 reife Fleischtomate
5 Erdbeeren
1 Stück reife frische Ananas
bestes Olivenöl
Balsamico-Essig

76 kcal

» Tomate überbrühen und schälen, entkernen und im Mixer mit etwas Balsamico pürieren. Kalt stellen.

» Ananas und 4 Erdbeeren in ca. 1 cm große Stücke schneiden und in einen tiefen Teller legen. Die Tomatensuppe darübergießen, mit Olivenöl beträufeln und mit einer Erdbeere garnieren.

KH   E   F   basisch   kühlend

Gefüllte Zucchiniblüten

4 Personen
8 Zucchiniblüten
250 g Bulgur
250 ml Bio-Gemüsebrühe
2 kleine Zucchini
1 Lauchstange
1 Frühlingszwiebel
1 Knoblauchzehe
frisch gehackte Kräuter
Olivenöl

233 kcal

» Gemüsebrühe zum Kochen bringen, Bulgur zugedeckt ca. 20 Minuten köcheln, vom Herd nehmen und auskühlen lassen.

» Zwiebel und Knoblauch in Olivenöl andünsten. Zucchini und Lauch klein würfeln, zugeben und 5 Minuten sautieren. Leicht salzen. Bulgur und gehackte Kräuter unterrühren.

» Zucchiniblüten säubern, mit der Bulgurmischung füllen und ca. 8 Minuten dämpfen.

KH   E F   basisch   ausgeglichen

Essen und Happy-Aging

Der Gedanke, gegen das Alter anzukochen oder sich wieder jung zu essen, ist ebenso verlockend wie naiv. Das Ziel kann nur lauten: Nicht gegen das Alter, sondern für die Erhaltung von Vitalität und Ausstrahlung bewusst das Richtige essen, das obendrein noch schmeckt.

Der uralte Traum vom ewigen Leben

Schon früh hatten reiche und einflussreiche Menschen offenbar ein Problem damit, ihren Einfluss und Reichtum mit Ende des Lebens loszulassen. Aus diesem Grund wollten sie – im Gegensatz zu den Armen – nicht oder jedenfalls nicht so früh sterben und sannen nach Mitteln und Methoden, um solches zu verhindern.

Alchemisten wurden früher gedungen, nach dem Elixier des ewigen Lebens zu forschen und Jungbrunnen hatten zu allen Zeiten Hochkonjunktur. Heute kommt verschärfend hinzu, dass nun auch schon das Alter an sich von allen Bevölkerungsschichten bekämpft wird. Früher galt es immerhin als eine Zeit der Weisheit, der Würde und Ehre. Inzwischen aber herrscht eine derartige Umkehr der Werte, dass der Klimax oder Höhepunkt des Lebens zum Tiefpunkt abgewertet und das nach einer Ausruhephase folgende Alter herabgewürdigt und diskriminiert wird. Ein beispielloser Jugendkult bestimmt das gesellschaftliche Leben.

Einfacher ist das Leben dadurch nicht geworden, denn auch die Angst vor dem Sterben grassiert nicht nur unvermindert, sondern nimmt noch zu und führt zu immer absurderen Begebenheiten. Inzwischen wollen fast alle alt und sogar steinalt werden, um dem Tod nicht ins Auge blicken zu müssen. Der Wunsch nach biblischem Alter erfüllt sich heute zunehmend, was zu einem riesigen Problem werden wird. Alle wollen alt werden und niemand alt sein. Das ist ein altbewährtes Rezept für Unglück. Nach dieser Methode inszeniert sich heute ein gesamtgesellschaftliches Elend verblüffenden Ausmaßes. So haben wir parallel und passend zum Jugendkult eine Anti-Aging-Welle, die konsequent erscheint und doch lächerlicher nicht sein könnte. Im Fernsehen zählen über 49-Jährige nicht mehr bei der Quote. Die Werbeindustrie hat sie abgeschrieben.

In Würde und mit Freude alt werden

„Forever young" – der Titel eines Bob-Dylan-Songs – wurde zum Motto, mit dem ein deutscher Arzt die Bevölkerung zum regelmäßigen Joggen animierte. „Für immer jung" lässt sich die typische Illusion einer ziemlich fertigen Gesellschaft zusammenfassen, die längst jede Philosophie und zunehmend auch die religiöse Anbindung verloren hat. Sie ist fertig auf einem denkbar ungünstigen Niveau. Die eigentlichen Aufgaben des Menschseins hat sie aus den Augen verloren und wird nicht mehr damit fertig. Den gefährlichsten Irrtum aber hat sie zum einzig wichtigen Thema erhoben, das Hängenbleiben an äußeren Dingen. So ist es nicht verwunderlich, dass die allermeisten Menschen vor dem Ende, das sie unvorbereitet und unfertig erleben und folglich durchleiden müssen, große Angst haben.

Es braucht wenig Intelligenz, um den von Werbung und entsprechenden Gurus der Moderne gepredigten Kreuzzug gegen das Altern als Unsinn zu durchschauen. Ganz offensichtlich ist noch niemand für immer jung geblieben, ebenso offensichtlich widerspricht das allen Gesetzen der Biologie. Nur naive Menschen ohne Verständnis der Lebensgesetze verlegen sich auf solche Illusionen, die in Enttäuschungen enden müssen.

Täuschung und Enttäuschung

Was steckt psychologisch dahinter, wenn sich große Teile der Bevölkerung auf Programme festlegen (lassen), die mit Sicherheit in Enttäuschungen münden? Könnte hier der unbewusste Wunsch dahinter stecken, die Welt der Täuschungen wenigstens am Ende doch noch zu durchschauen?

Nach östlicher Auffassung dient das Spiel des Lebens dazu, dessen Vordergrund als Täuschung zu durchschauen und so allmählich – von Enttäuschung zu Enttäuschung – zur letzten Wahrheit und Wirklichkeit durchzustoßen. Dieses Transzendieren des Vordergrundes, der Welt der Maya, die sich aus den beiden Täuschern, Raum und Zeit, aufbaut, ist das zentrale Anliegen östlicher Lebenskunst und -kunde. Dass es letztlich nicht um das Außen, die Welt der Materie und des Reichtums, des Körpers und des Besitzes geht, wissen auch alle anderen Religionen und sagen es ähnlich direkt wie die Bibel. „Das Himmelreich Gottes liegt in euch" heißt es, und es ist folglich auch nur innen zu erleben. Wenn sich nun aber alles draußen abspielt und das Innenleben keinerlei Beachtung mehr erfährt, ist das Straucheln auf dem Lebensweg vorprogrammiert. Wer außen etwas sucht, das nur innen zu finden ist, kann niemals fündig werden. So entwickelt sich auch die Suche nach Glück und Erfüllung – ins Außen verlegt – zu einem sicheren Fiasko.

Wer solchen Widerstand gegen das Alter hat, wird genau das bekommen, was er am wenigsten will, eine sich lange hinziehende Zeit des Alterns in einer Gesellschaft, die das Alter herabsetzt und verachtet und damit auch ihn selbst und die Mehrheit der mit ihm alternden Menschen. Am Ende dieses langen abgelehnten Alterungsprozesses wird er einen Tod erleiden, der, je mehr er bekämpft wird, umso schrecklicher ausfallen muss. Statt Grenzen und Barrieren im Zwischenmenschlichen zu überwinden, tun wir es auf äußeren Ebenen des Handels und Geldverkehrs. Statt grenzenloses Glück erleben wir grenzenloses Elend in der so genannten Dritten und immer noch scheußliche Zustände in unserer Ersten Welt. Statt reich an Erfahrungen und Weisheit, versuchen wir über die Börse reich an Geld zu werden. Das Ergebnis ist schlimmstenfalls äußere Fülle bei innerer Leere. Letztere hat so gar nichts mit jener Leere der Buddhisten zu tun, die alles enthält und den Schlüssel zur Erfüllung in sich birgt. Auch auf den Körper schlägt sich diese Verwechslung, wenn wir das Übergewicht der Ersten Welt betrachten. Überall bei uns kämpfen in äußerem Reichtum fast erstickende Menschen mit Gewichtsproblemen. Was haben wir aus der Welt gemacht? Ein Blick in die Zukunft kann uns zeigen, wo all das hinführt. Für Zukunftsprognosen sind wir ja schon lange nicht mehr auf Sterndeuter angewiesen.

Jugendkult und Anti-Aging-Terror

Ähnlich, wie wir politisch und wirtschaftlich jeden Unsinn imitieren, wenn er nur aus den USA kommt, werden wir wohl auch deren Jugendkult und Anti-Aging-Welle weiter übernehmen. Die Bücher sind bereits da und künden in berückender Dummheit vom Missverständnis der Welt und unserer Aufgaben in ihr. Was so arrogant und wertend klingt, hat immerhin alle Weisheit der Religionen und Traditionen auf seiner Seite, die sich darin einig sind, dass das Alter mit seiner Weisheit das Ziel des Lebens ist.

Schauen wir uns die praktischen Konsequenzen des Kreuzzuges gegen das Alter an, so wird dessen Aussichtslosigkeit deutlich. Schon vor Jahren gab es aus der spirituellen Szene heraus eine Vorläuferbewegung, die die physische Unsterblichkeit propagierte. Als ihren Urvater

153

könnte man Prentice Mulford ansprechen, den Vater des positiven Denkens, der schon vor Jahrzehnten propagierte, dass nur der sterben müsse, der daran glaube. Mulford selbst musste dann doch recht bald daran glauben und starb – entgegen seiner eigenen Lehre – sehr früh. Insofern relativierte er sein Werk auf überzeugende Art und Weise.

Ähnliches ist von den anderen Gurus der physischen Unsterblichkeit zu berichten. Arterioskleroseringe lange vor der Zeit in den Augen, bemühten sie sich ebenso redlich wie vergeblich. Die schnöde Wirklichkeit hat sie eingeholt und ziemlich alt aussehen lassen.

Was Nahrungsergänzungsmittel angeht, kann und soll man Mangel natürlich ausgleichen, aber hier handelt es sich fast immer um Stimmungsmache gegen das Alter. Die Fülle dieser Mittelchen gleicht rührend den bunten, angeblich die Durchblutung verbessernden Pillen der Pharmaindustrie. Die einzigen, von denen wirklich bewiesen ist, dass sie wirken, sind ausgerechnet die unscheinbaren tibetischen Pillen von Padma.

den Inhalt. Die Form allein wäre all das nicht wert – sie ist für sich genommen sinnlos und ohne Bestand. Die Seele dagegen braucht wie jeder Inhalt auch eine Form, um Gestalt annehmen zu können, sie bleibt aber auch ohne Form wertvoll und beständig. So ist der Körper lediglich Ansatzpunkt. Ziel aber bleibt immer der ganze Mensch mit seiner Seele.

Im Sinne unseres Themas geht es darum, anstatt das Alter zu bekämpfen, es schätzen und ehren zu lernen. Rechtzeitig sollten wir jenes Wissen um die Gesetze des Lebens erwerben, aus dem dann im Alter Weisheit werden kann, die die Schlussphase des Lebens zu dessen Krönung macht.

Was dazu Ernährung beitragen kann, wollen wir gern hier ausbreiten. Es wird aber darauf hinauslaufen, vorzeitiges Altern zu verhindern und den Vorgang des Alterns genießen zu lernen, anstatt ihn zu bekämpfen – auch und vor allem essend. Allerdings ist hierbei darauf zu achten, nicht zu viel des Guten zu tun, etwa nach dem Motto „Essen ist der Sex des Alters". Damit wäre das Thema überlastet. Wer im Alter anfängt, für zwei zu essen, wird unweigerlich zunehmen, was in verschiedener Hinsicht glückliches Altern erschwert. Übergewicht macht das Leben und auch das Alter beschwerlich, auch weil es einen ganzen Rucksack voll Beschwerden nach sich zieht.

Gleichklang zwischen Körper und Seele

Eine weitere wirklich wirksame Möglichkeit der Jungerhaltung liegt in moderater Bewegung im so genannten Sauerstoffgleichgewicht. Die heilige Theresa von Avila sagt es wundervoll: „Wir müssen gut zum Körper sein, damit die Seele gern in ihm wohne." Die Seele muss das Ziel der Entwicklung und unserer Anstrengung sein. Es geht immer um den Inhalt, die Form ist bestenfalls Vermittlerin zu ihm. Wer an ihr hängen bleibt, kommt nicht mehr weiter. Da moderate Bewegung im Sauerstoffgleichgewicht die Gefäße trainiert und wir so alt sind wie unsere Gefäße, liegt hier eine gute und große, allerdings für faule Menschen in faulen Zeiten auch mühsame

Chance. Die Frage der Menschen, wie oft sie sich denn im Sauerstoffgleichgewicht bewegen sollen, ist einfach zu beantworten: an allen Tagen, an denen sie essen. Insofern wäre es sehr vorteilhaft, sich eine Bewegungsart zu suchen, die einem wirklich Freude macht und Sinnesgenuss vermittelt.

Nur im Hinblick auf die Seele lohnen auch all die Programme, die ich selbst aus den Erfahrungen der Psychotherapie entworfen habe und die durchaus auch für den Körper funktionieren, aber immer auf die Seele und den Geist zielen. Ob CD's, Fastenseminare oder Kurse – alles zielt letztlich immer über die Form auf

Konkrete Tipps für glückliches Altern

Vor der Ernährung wäre hier an den Genuss von genügend gutem, möglichst frischem Wasser zu denken. Alterungsphänomene sind immer mit Mineralisierung und Wasserverlust des Gewebes verbunden. Insofern ist es zwingend, den Körper nicht dursten zu lassen. Da dieses Thema so wichtig ist, werden wir ihm ein eigenes Kapitel widmen.

„Dinner-Cancelling"

Vor allem ist daran zu denken, die Gefäße nicht mit vorzeitigen Ablagerungen zu belasten. Aus den Erfahrungen mit 30 Jahren Fastenbetreuung und entsprechenden Seminaren bin ich sicher, dass bewusste Nahrungsenthaltung ein entscheidender Faktor ist. Ein wichtiger Beitrag zu gesundem Altern ist auch eine möglichst lange tägliche beziehungsweise nächtliche Fastenzeit. Je länger der Körper Verdauungsruhe bekommt, desto besser. Insofern wäre „Dinner-Cancelling" eine Möglichkeit. Wer die letzte Mahlzeit vor 15 Uhr isst, nimmt sich zwar einigen sozialen Genuss, schenkt sich aber Lebenszeit. Das Optimum wäre, das Frühstück einzusparen, dann bleibt der abendliche Genuss, und die Fastenzeit ist doch lang.

Die richtigen Fette

Ansonsten sind alle Lebensmittel zu empfehlen, die der Fettablagerung entgegenwirken, also jene, die den Cholesterinspiegel, und hier vor allem das LDL-Cholesterin, aber auch die anderen Lipide senken und andererseits die Gefäße mit den wichtigen ungesättigten Fettsäuren versorgen. Eine neue US-Studie zeigt, dass bereits drei Stunden nach dem Essen von ungesättigten Fettsäuren pflanzlicher Herkunft das Endothel, die empfindliche Innenhaut der Gefäße, elastischer wird. Drei Stunden nach dem Genuss von gesättigten Fettsäuren tierischer Herkunft tritt hingegen ein Verlust an Elastizität auf. Die Versteifung des Endothels, die den Bluttransport behindert, ist messbar. Der wichtigste Faktor im Hinblick auf genussvolles Altern ist sicher die konsequente Vermeidung von gehärteten Fetten, den so genannten Transfetten.

In den USA längst verboten, dürfen Transfette bei uns noch immer ihr Unwesen treiben – etwa in industrieller Fertignahrung und Margarinen. Mit Ausnahme von Spezialprodukten wie Vitaquell sind diese zu meiden, und der zu Unrecht oft beschuldigten Butter ist unbedingt der Vorzug zu geben. Transfette nehmen dem Alter über die Verstopfung der Blutwege Stil und Würde.
Von großer Wichtigkeit sind auch die Omega-3-Fettsäuren beziehungsweise deren richtiges Verhältnis zu den Omega-6-Fettsäuren. In dieser Hinsicht kommt Fischen besonders aus kalten Gewässern verstärkte Bedeutung zu.

Roh marinierter Lachs mit Zitronengras

2 Personen
400 g Wildlachsfilet
3 Limetten
2 El brauner Zucker
2 Stängel Zitronengras
2 Zweige Minze
6 EL Fischsauce aus der Asia-Abteilung
1 Schalotte
Salz, Pfeffer aus der Mühle

458 kcal

Gut zu wissen
Zitronengras hat einen sehr hohen Citralgehalt und dadurch antibakterielle Wirkung. Es wirkt außerdem appetitanregend, fördert die Verdauung und entwässert und entschlackt das Gewebe.

» Rohrzucker, Saft von drei Limetten, fein gehackte Minze und Fischsauce miteinander verrühren und mit Pfeffer und Salz abschmecken.

» Den Wildlachs entgräten und in hauchdünne Scheiben schneiden. Die Lachsscheiben nebeneinander auf einen flachen Teller legen, die Marinade dünn darüber verteilen. Anschließend die Schalotten und das untere Drittel der Zitronengrasstängel in hauchdünne Scheiben schneiden und über den marinierten Fisch streuen.

Mein Tipp

» Servieren Sie einen marinierten Blattsalat mit Kräutern und Ciabatta-Brot dazu.

KH   E   F | sauer | ausgeglichen

Ofengetrocknete Tomaten

8 reife Tomaten
100 ml Olivenöl
3 Knoblauchzehen
grobes Meersalz
2 Thymianzweige
1 Rosmarinzweig
3 Basilikumzweige

» Tomaten blanchieren und mit kaltem Wasser abschrecken. Häuten, die Tomaten vierteln, die Kerne und die Stängelansätze entfernen. Die geviertelten Tomaten mit Olivenöl, Kräutern und Knoblauch marinieren, auf ein Blech legen und im Backrohr bei 70 Grad mit Heißluft für 3–4 Stunden trocknen lassen.

Mein Tipp

» Tomaten in Gläser füllen, mit Olivenöl bedecken und im Kühlschrank lagern. So halten sie über mehrere Wochen!

KH   F | basisch | wärmend

Scharfe Hühnersuppe mit Kokosmilch

» Kokosmilch erhitzen, etwa 5 Minuten köcheln lassen, mit einem Stabmixer aufschäumen.

» Tomate blanchieren und mit kaltem Wasser abschrecken. Häuten, entkernen und in Würfel schneiden. Die äußeren, trockenen Blätter der Zitronengrasstängel entfernen und das untere Drittel des weichen Zitronengrases in hauchdünne Ringe schneiden. Geflügelfond mit geschältem und in hauchdünne Scheiben geschnittenem Ingwer, Schalotten und Zitronengras bei mittlerer Hitze zum Kochen bringen.

» Hühnerbrust würfeln, Champignons in Scheiben schneiden.

» Hühnerbrust, Champignons, Limettensaft, Tomatenwürfel, Fischsauce und Rohrzucker in die Suppe geben und auf kleiner Flamme 10 Minuten leicht kochen lassen. Kokosmilch dazugeben und mit Salz und Chili würzen. Die Suppe durch ein Sieb gießen, kurz vor dem Servieren mit einem Pürierstab schaumig mixen.

» Die Einlage in gewärmte Teller verteilen und mit der Suppe übergießen.

4 Personen
500 ml Geflügelfond
500 ml Kokosmilch, ungesüßt
2 Stängel Zitronengras
frischer Ingwer
300 g Hühnerbrust
150 g braune Champignons
1 Fleischtomate
2 Schalotten
2 EL Limettensaft
2 EL Fischsauce
½ EL Rohrzucker
1–2 kleine rote Chilischoten (je nach Schärfe), fein geschnitten
Salz

120 kcal

Mein Tipp

» Zusammen mit duftendem Basmatireis ergibt diese Suppe ein köstliches Hauptgericht.

KH   E   F

sauer

ausgeglichen

Tacchino tonnato

Kalte Truthahnbrust mit Thunfischsauce

4 Personen
500 g Truthahnbrustfleisch
1 Karotte, in Würfel geschnitten
2 Schalotten, geschält und in
kleine Würfel geschnitten
1 Lorbeerblatt
½ unbehandelte Bio-Zitrone
500 ml trockener Weißwein
500 ml Geflügelfond
Salz, Pfeffer aus der Mühle

Thunfischsauce:
500 ml trockener Weißwein
500 ml Geflügelfond
1 EL Kapern
150 g Thunfisch aus der Dose
2 eingelegte Sardellenfilets
Saft einer Bio-Zitrone
1 Zweig Basilikum
1 Lorbeerblatt
2 getrocknete Tomaten
2 Eigelb (von frischen
Bio-Eiern)
150 ml Olivenöl
2 EL weißer Balsamico-Essig
Kapernbeeren

589 kcal

» Schalotten mit Weißwein, Gemüsefond, Karotte, Lorbeerblatt und Zitronenschale zum Kochen bringen. Der Fond sollte nur ganz leicht köcheln. Wenn fast die ganze Flüssigkeit eingekocht ist, den Inhalt in ein feines Tuch oder Sieb leeren. Den daraus gewonnenen Fond nochmals kurz erhitzen und so lange reduzieren, bis nur noch zirka 5 Esslöffel übrig sind.

» Die Truthahnbrust auf doppelte Alufolie legen, mit der Marinade bestreichen und mit Salz und frischem Pfeffer würzen. Die Folie einschlagen und das Fleisch im Rohr bei ca. 120 Grad für etwa 2 Stunden im eigenen Saft schmoren lassen. Dann so verpackt am besten über Nacht im Kühlschrank ziehen lassen.

» Thunfisch in kleine Würfel schneiden und mit etwas Olivenöl andünsten. Weißwein, Geflügelfond, Sardellenfilets und Kräuter hinzugeben und einige Minuten leicht köcheln lassen. Erkalten lassen und die Kräuter entfernen. Zusammen mit einem Esslöffel Kapern, dem Saft einer Zitrone, den getrockneten Tomaten und dem Eigelb im Mixer fein pürieren. Währenddessen nach und nach die 150 ml Olivenöl einfließen lassen und zu einer sämigen Sauce rühren. Mit Salz und Pfeffer abschmecken.

» Truthahnbrust in möglichst dünne Scheiben schneiden und auf einen Teller legen, mit der Thunfischsauce übergießen und mit Kapernbeeren garnieren. Dazu Baguette reichen.

KH   E   F

sauer   ausgeglichen

Gut zu wissen
Meeresfisch und Olivenöl sind hervorragende Omega-3-Fettsäuren-Lieferanten. Diese erweitern die Gefäße und senken zu hohe Blutdruck- und Cholesterinwerte. Sie wirken im ganzen Körper entzündungshemmend, stärken das Gehirn und verbessern die Stimmung. Neue Studien zeigen, dass diese Fettsäuren mit der Lipidschicht von Gehirnzellen interagieren und damit Alterungsprozesse positiv beeinflussen können. Übrigens gibt es in Grönland, wo täglich frischer Meeresfisch auf den Tisch kommt, fast keine Herzinfarkte!

Spargel in der Papier-Papillotte

4 Personen
20 gleichmäßig dicke
Stangen Solo-Spargel
Saft einer Bio-Zitrone
½ trockene Semmel
100 ml bestes Olivenöl
Zucker
1 Bund frischer
Schnittlauch
Salz

101 kcal

>> Spargel schälen und in kochendem Salzwasser mit etwas Zucker, Zitronen-saft und der trockenen Semmel für 5 Minuten ziehen lassen. Den Spargel aus dem Wasser nehmen. Backpapier doppelt nehmen, mit Olivenöl be-streichen und je 5 Stangen Spargel darauf legen. Mit 2 EL Wasser und Oli-venöl beträufeln und salzen. Das Backpapier gut verschließen.

>> Die Spargelpakete auf ein Blech legen und im auf 150 Grad vorgeheizten Backrohr 15–20 Minuten garen lassen. Folienpäckchen auf Teller legen, an der Oberseite einschneiden, Spargel mit frisch geschnittenem Schnittlauch bestreuen.

>> Zusammen mit gebratener Hühnerbrust wird der Spargel zum Hauptge-richt.

Mein Tipp
>> Dazu schmecken neue Kartoffeln, in der Schale gekocht.

KH   E   F

basisch

ausgeglichen

Bouillabaisse von heimischen Fischen

4 Personen
je 200 g Rheinankenfilet
Bachforellenfilet
Zanderfilet
Hechtfilet

Bouillabaisse:
1 l Tomatenfond
2 Schalotten, in Würfel geschnitten
3 EL Olivenöl
1 Knoblauchzehe
eine Prise Cayennepfeffer
Salz

Einlage:
4 Jungzwiebeln
2 Tomaten, blanchiert, gehäutet und entkernt
1 kleine Fenchelknolle
4 kleine, fest kochende
Kartoffeln
je 1 Zweig frischer Thymian,
Estragon, glatte Petersilie, Dill
10 ml weißer Portwein
2 EL Olivenöl

363 kcal

» Filets in zirka 2 cm breite Stücke schneiden.

» Den Tomatenfond zusammen mit Knoblauch, den Karkassen (Fischkno-
chen vom Hecht) und den Abschnitten der restlichen Fische zum Kochen
bringen. Etwa 1 Stunde leicht köcheln lassen. Den beim Kochen entstehen-
den Schaum abschöpfen. Anschließend den Fond vorsichtig durch ein feines Sieb schöpfen.

» Fenchel in feine Streifen schneiden, Kartoffeln schälen, halbieren und in
längliche Stücke schneiden und die Jungzwiebel der Länge nach vierteln.
Fenchel und Jungzwiebel in Olivenöl glasig andünsten, Kartoffeln beigeben und mit Portwein ablösen. Mit ⅔ des Fischfonds aufgießen. Mit
Cayennepfeffer würzen, bissfest köcheln lassen und in eine vorgewärmte
feuerfeste Suppenterrine gießen.

» Die gesalzenen Fischwürfel und die Tomaten auf das Gemüse legen, mit
den frischen Kräutern bestreuen und mit restlichem Fond aufgießen. Zugedeckt 10–15 Minuten im vorgeheizten Backrohr bei 180 Grad pochieren
lassen.

Mein Tipp
» Servieren Sie dazu Aioli (Knoblauchpaste) und gewärmtes Baguette.

KH   E   F

sauer

ausgeglichen

Loup de mer in der Salzkruste

» Den Fisch sorgfältig unter fließendem, kaltem Wasser waschen und mit Küchenkrepp trockentupfen. Anschließend mit Zitronensaft und Pfeffer aus der Mühle stark würzen.

» Die zerdrückten Knoblauchzehen, frische Basilikumblätter, Petersilie, Dill und Thymian in den Bauchraum des Fisches geben und ihn außen mit Olivenöl bestreichen.

» Meersalz, Vollkornmehl und Eiweiß in einer Schüssel zu einem Teig vermengen. Eine halbe Stunde ruhen lassen. Die Salzteigmasse anschließend in einer Höhe von einem Zentimeter auf ein Backblech streichen (so lang und breit wie die Ausmaße des Loup de mer). Den gefüllten Fisch darauf legen und mit der restlichen Salzteigmasse zur Gänze bedecken. Die Salzschicht mit einem Löffel glatt streichen. Anschließend den Fisch im vorgeheizten Backrohr bei 180 Grad ca. 40–50 Minuten backen (abhängig von der Größe).

» Für die Sauce Oliven halbieren, entkernen und fein würfeln. Getrocknete Tomaten klein schneiden. Beides mit Olivenöl und Salz verrühren. Kurz vor dem Servieren mit frisch gehacktem Basilikum verfeinern.

» Den Fisch aus dem Ofen nehmen und 5 Minuten stehen lassen. Die Salzkruste mit einem Sägemesser aufschneiden (aber erst am Tisch vor den Gästen abheben). Die Haut lösen, Fisch filetieren und auf dem Teller mit Olivensauce überziehen.

Mein Tipp

» Für dieses Rezept kann man auch andere Fische verwenden. Besonders zu empfehlen ist Zander oder Steinbutt.

» Anstelle der Olivensauce können Sie auch bestes kaltgepresstes Olivenöl darüber träufeln. Dazu passen Petersilienkartoffeln und bunte Blattsalate.

E   F

sauer

wärmend

4 Personen
1 Loup de mer (Wolfsbarsch) im Ganzen (ca. 1,2 kg), ausgenommen und geschuppt
4 Knoblauchzehen
2 Zweige Thymian
Basilikumblätter
glatte Petersilie, Dill
½ Bio-Zitrone
Pfeffer aus der Mühle

Kruste:
Etwa 2 kg grobes, billigstes Meersalz
8 Eiweiß
100 g Vollkornmehl

Olivensauce:
50 g grüne Oliven
50 g schwarze Oliven
30 g getrocknete Tomaten
1 Bund Basilikum
125 ml Olivenöl
Salz

557 kcal

Gut zu wissen

Das wertvolles Fett von Seefischen wandelt der menschliche Körper in das sog. DHA (Docosahexaensäure) um. Es ist wesentlich an Übertragungsprozessen im Gehirn beteiligt. Untersuchungen haben gezeigt, dass Menschen mit niedrigen DHA-Werten ein erhöhtes Risiko haben, an Alzheimer zu erkranken.

Gedämpftes Saiblingsfilet mit buntem Paprika

» Die Saiblingsfilets mit Zitronensaft beträufeln und mit Salz, Dill und frisch gemahlenem Pfeffer würzen.

» Paprikaschoten senkrecht vierteln und Strunk sowie Kerne entfernen. Mit Olivenöl und etwas Salz marinieren, auf ein Blech legen, so dass die Haut der Paprika oben ist, die halbierten Knoblauchzehen und Thymianzweige gleichmäßig darüber verteilen. Im Backrohr bei 160 Grad Heißluft 10–12 Minuten braten, bis die Haut leicht braun wird und sich abziehen lässt. Aus dem Rohr nehmen und mit einem feuchten Tuch bedecken. Einige Minuten ruhen lassen. Thymianzweige und Knoblauch entfernen und die Haut noch im warmen Zustand abziehen. Paprika in kleine Stücke schneiden.

» Weißwein und Fischfond zum Kochen bringen und auf die Hälfte reduzieren. Mit Salz, Zitronensaft, Knoblauch, Lorbeerblatt, Pfefferkörnern und den Kräutern würzen und in eine feuerfeste Form gießen. Die vorbereiteten Paprikawürfel einlegen und die marinierten Fischfilets daraufsetzen. Mit Olivenöl übergießen, zudecken und im auf 180 Grad vorgeheizten Backrohr ca. 12 Minuten garen. (Je nach Größe des Fisches kann die Zeit variieren.)

» Paprika auf Teller geben, Saiblingsfilet darauf legen, mit der Sauce übergießen und mit frischen Kräutern garnieren.

Mein Tipp

» Nach Belieben kann auch anderes Gemüse oder vorgekochte Kartoffeln mit Schalotten dazugegeben werden.

4 Personen
4 Saiblingsfilets (à 150 g)
1 Bio-Zitrone
1 Zweig Dill
Salz, Pfeffer aus der Mühle

Bunte Paprika:
je 1 gelbe, rote und grüne Paprikaschote
2–3 Knoblauchzehen
2 Thymianzweige
Salz

Sauce:
1 Knoblauchzehe, geschält
2 Zweige Thymian
2 Zweige Oregano
500 ml Fischfond
250 ml trockener Weißwein
1 Bio-Zitrone
6 Pfefferkörner
1 Lorbeerblatt
2 EL Olivenöl
Salz

265 kcal

KH   E   F   A

sauer

ausgeglichen

St. Petersfisch in Kräutersauce

» Die Fischhaut mit einem scharfen Messer leicht einschneiden. Die Filets mit Zitronensaft säuern und mit Salz und Pfeffer würzen. In etwas Olivenöl auf beiden Seiten goldbraun anbraten. Kurz bevor man den Fisch aus der Pfanne nimmt, etwas Butter und Kräuter beifügen und darin schwenken.

» Die geschälte Zwiebel und Kartoffeln in dünne, längliche Streifen schneiden, salzen und mit 125 ml Wasser, Weißwein, Thymian und Jungzwiebeln weich dünsten. Kurz vor dem Anrichten getrocknete Tomaten dazu geben.

» Sellerie schälen und in 2–3 cm dicke Würfel schneiden. In Salzwasser weich kochen, abseihen und abtropfen lassen. Mit einem Stabmixer fein pürieren und durch ein Sieb streichen. Den Fenchel halbieren, Strunk und Grün entfernen, in Würfel schneiden und wie das Selleriepüree verarbeiten.

» Knoblauch in kochendem, leicht gesalzenem Wasser blanchieren und abgießen. Diesen Vorgang vier- bis fünfmal wiederholen, dann pürieren und passieren.

» Petersilie und Dill von den Stielen zupfen (Stiele für den Fond aufbewahren), fein hacken und mit Olivenöl grob mixen.

» Fein geschnittene Schalotten in Olivenöl sautieren, mit Weißwein ablöschen und kurz einkochen lassen. Dann mit dem Fischfond aufgießen und die Kräuterstiele dazugeben. Für eine halbe Stunde leicht köcheln lassen, mit Salz und Pfeffer würzen.

» Den Fond durch ein feines Tuch gießen und noch einmal kurze Zeit köcheln lassen. Die Pürees dazugeben, mit etwas Zitronensaft und Olivenöl abschmecken.

» Fischfilets auf dem Kräuterfond anrichten, frisches Knoblauchbrot dazu servieren.

KH   E   F

neutral

ausgeglichen

4 Personen
4 Filets vom St. Petersfisch
(à 170 g)
Saft einer Bio-Zitrone
Salz, Pfeffer aus der Mühle
2 Zweige Kerbel
2 Zweige Estragon
Olivenöl, Butter

Zwiebel-Tomaten-Gemüse:
4 Jungzwiebeln
1 weiße Zwiebel
1 Zweig Thymian
4 getrocknete Tomaten
400 g kleine, fest kochende
Kartoffeln
125 ml trockener Weißwein
Salz

Kräuterfond:
300 g Knollensellerie
200 g Fenchel
2 Knoblauchzehen
glatte Petersilie und Dill
3 Schalotten
125 ml Olivenöl
500 ml Fischfond
500 ml trockener Weißwein
Saft einer Bio-Zitrone
Salz, Pfeffer aus der Mühle

600 kcal

Gebratener Hecht mit roten Rüben

4 Personen
4 Stück frisches Hechtfilet
(à 160 g)
1 Bio-Zitrone
Olivenöl
Salz, Pfeffer aus der Mühle

Ragout von roten Rüben:
500 g gekochte rote Rüben
2 EL Rotweinessig
500 ml Fischfond
2 weiße Zwiebeln
Kümmel ganz
1 kleine mehlige Kartoffel
Zweige vom frischen Estragon
oder Dill

224 kcal

» Die Hechtfilets unter fließendem, kaltem Wasser waschen, mit Küchenkrepp trockentupfen, entgräten und mit einem scharfen Messer die Haut entfernen. Die Filets mit ein wenig Zitronensaft beträufeln und mit Salz und Pfeffer würzen. Mit Olivenöl knusprig anbraten. Den Fisch wenden und kurz fertig braten (sollte innen noch glasig sein).

» Die roten Rüben in 1 cm dicke Würfel schneiden. Die weißen Zwiebeln halbieren und in dünne Streifen schneiden. In einem Topf Fischfond, Rotweinessig, Kümmel und Zwiebelstreifen so lange dünsten, bis die Zwiebeln bissfest sind. Die geschälte, mehlige Kartoffel mit einem feinen Reibeisen zu den Zwiebeln raspeln und ein weiteres Mal aufkochen. Die Würfel der roten Rüben hinzugeben und für einige Minuten mitköcheln lassen.

» Abschließend mit frischen Estragonspitzen oder Dill in tiefen Tellern anrichten, mit den Hechtfilets belegen.

Mein Tipp:
» Frisch geriebener Meerrettich schmeckt dazu besonders gut.

KH   E   F   sauer   ausgeglichen

Gut zu wissen
Rote Rüben regen die Tätigkeit von Magen, Darm, Leber und Gallenblase an und wirken harntreibend. Außerdem stimulieren sie durch ihre Flavonoide und Saponine das Immunsystem und haben krebshemmende Wirkung.
Schon die alten Griechen wussten die dunkelrote Wurzelknolle als wahren Jungbrunnen für die Gesundheit zu schätzen. Sie genoss eine so hohe Wertschätzung, dass sie dem Gott Apoll auf silbernen Tabletts dargebracht wurde.

Bauernhendl im Tontopf

>> Staudensellerie waschen, schälen und Fäden abziehen. In 1 cm breite Stücke schneiden. Die Karotten gut waschen und so schälen, dass das Grün an der Karotte noch bleibt. Zuckerschoten in reichlich gesalzenem Wasser bissfest kochen und mit kaltem Wasser abschrecken.

>> Die Hühner in Stücke teilen, mit Salz und Pfeffer würzen, in einer Pfanne mit Olivenöl anbraten und in einen Tontopf (Römertopf) legen (den Tontopf vor der Verwendung mindestens ein bis zwei Stunden in lauwarmem Wasser einweichen). In derselben Pfanne (ohne sie zu säubern) Karotten, Knoblauchzehen und geschälte Perlzwiebeln andünsten. Tomaten dazugeben, kurz schwenken, mit Weißwein ablöschen und mit Geflügelfond aufgießen. Erneut aufkochen lassen und Lorbeerblatt und die gehackten Kräuter beigeben.

>> Das Gemüse im Fond über das Huhn gießen, den Deckel schließen und im auf 180 Grad vorgeheizten Backrohr zirka 45 Minuten garen lassen. Dann die Zuckerschoten dazugeben und weitere 10 Minuten im Rohr lassen.

4 Personen
2 kleine Freilandhühner
2 Knoblauchzehen
1 Stange Staudensellerie
8 junge Karotten
2 Tomaten, geschält und geviertelt
150 g Zuckerschoten
12 frische Perlzwiebeln (Schalotten)
1 Zweig Liebstöckel, gehackt
1 Lorbeerblatt
1 Bio-Zitrone
3 TL Olivenöl
500 ml trockener Weißwein
500 ml Geflügelfond
Salz, Pfeffer aus der Mühle

618 kcal

Mein Tipp
>> Anstelle des Huhns können Sie auch Pute nehmen – schmeckt genauso gut.

KH   E   F   sauer   ausgeglichen

Gut zu wissen
Geflügelfleisch gilt im Allgemeinen als besonders gesund, weil es leicht verdaulich und fettarm ist. Der Fettgehalt schwankt jedoch je nach Teilstück. Beim Geflügel liegt das Fettgewebe unter der Haut, reines Muskelgewebe ist mit etwa 1–7 % Fett sehr mager. Der Eiweißgehalt von Hähnchen- und Putenfleisch liegt ähnlich wie bei Rind- und Schweinefleisch zwischen 17 und 25 %. Der Cholesteringehalt bei magerem Fleisch liegt bei 40 bis 60 mg pro 100 g, bei Geflügelteilen mit Haut steigt er auf 85 bis 95 mg pro 100 g.
Wichtig: Kaufen Sie nur Freilandgeflügel in Bio-Qualität!

Rhabarber-Erdbeer-Gratin

4 Personen
Gratiniercreme:
500 g frischer Quark
2 EL Rum
4 Bio-Eier
Schale einer halben
Bio-Zitrone, gerieben
Mark einer halben
Vanilleschote
60 g Maisstärke
70 g Rohrzucker oder Stevia

Einlage:
150 g Erdbeeren
250 g Rhabarber
1 Lavendelzweig
2 EL Honig
250 ml trockener Weißwein

558 kcal

» Erdbeeren halbieren und den Strunk entfernen. Rhabarber waschen, schälen, in 2 cm große Stücke schneiden. 125 ml Wasser, Weißwein, Honig und Lavendel aufkochen. Den Rhabarber hinzufügen, nochmals kurz aufkochen lassen, vom Herd nehmen und an einen kühlen Ort stellen.

» Die Erdbeeren in den lauwarmen Rhabarberfond legen und zusammen mit dem Rhabarber gänzlich auskühlen lassen. Den Fond in eine Schüssel gießen und die Früchte ohne Fond in feuerfeste Förmchen geben.

» Quark mit Maisstärke, Eigelb, Vanillemark, Zitronenschale und Rum zu einer glatten Masse verrühren. Eiweiß halbsteif schlagen, mit braunem Rohrzucker steif ausschlagen und unter die Quarkmasse ziehen. Die Früchte mit der Masse übergießen und im Backrohr bei 200 Grad Oberhitze goldgelb backen.

» Auf jedes Förmchen eine Kugel Joghurt- oder Vanille-Eis setzen.

Mein Tipp
» Dieses Gratin kann man mit vielen verschiedenen Früchten zubereiten.

KH   E   F   A

neutral

ausgeglichen

Das Happy-Aging-Menü

Ob wir das Alter als Bürde oder Chance begreifen, hängt von uns selbst ab: Regelmäßige Bewegung, gesundes Essen, eine sorgfältige Körperpflege und vor allem ein optimistischer Blick in die Zukunft – das sind die Geheimnisse des Happy-Aging. Amerikanische Forscher haben herausgefunden, dass eine positive Lebenseinstellung das Leben um mehr als sieben Jahre verlängert. Und weil man gar nicht früh genug damit anfangen kann, das Leben zu genießen statt sich Kummer- und Sorgenfalten zuzulegen, sollten Sie immer wieder mal Freunde und Bekannte einladen und sich etwas ganz Besonderes gönnen.

Bärlauchsuppe mit Spitzkohl

4 Personen
150 g Bärlauchblätter
1 Zwiebel
1 mittelgroße Kartoffel
4 EL Olivenöl
1 l Bio-Gemüsebrühe
100 g Sahne
Butter
Salz, Pfeffer aus der Mühle
1/4 Spitzkohl
1 TL Puderzucker
40 g Weißbrot in Scheiben
1 Knoblauchzehe
1 Thymianzweig

300 kcal

» Die Bärlauchblätter waschen und zerkleinern. Zwiebel und Kartoffel schälen und in kleine Würfel schneiden. In einem Topf in 2 EL Öl glasig dünsten. Mit Gemüsebrühe auffüllen und etwa 20 Minuten weich kochen.

» Die Sahne hinzufügen und mit einem Stabmixer pürieren. Zuletzt kalte Butter in kleinen Stückchen dazumixen, mit Salz und frischem Pfeffer abschmecken.

» Die Spitzkohlblätter in Rauten schneiden. In einer Pfanne den Puderzucker bei kleiner Hitze bernsteinfarben karamellisieren. Den Spitzkohl und etwas Butter dazugeben, mit Salz und Pfeffer würzen. Zirka 2 Minuten bissfest braten.

» Weißbrot in kleine Würfel schneiden. In einer Pfanne im restlichen Öl mit der ungeschälten Knoblauchzehe und dem Thymianzweig knusprig braten. Leicht salzen und die Croûtons auf Küchenpapier abtropfen lassen.

» Die Suppe mit dem Stabmixer noch einmal aufschäumen, in vorgewärmte tiefe Teller verteilen. Jeweils in die Mitte etwas Spitzkohl geben und mit den Croûtons bestreuen.

KH E   F

basisch

ausgeglichen

Bachforelle mit Sauce vom Rotklee auf zweierlei Spargel

4 Personen
4 gleichmäßig große
Bachforellenfilets
mit Haut (à 170 g)
Butter
½ Bio-Zitrone
Salz, Pfeffer aus der Mühle

Spargel:
8 Stangen weißer Spargel
8 Stangen grüner Spargel
½ Bio-Zitrone
½ trockene Semmel
250 ml Bio-Gemüsebrühe
Butter
Salz

Rotkleeschaumsauce:
300 ml Fischfond
Rotkleeblätter

298 kcal

» Die Bachforellenfilets mit Zitronensaft säuern und würzen. Mit Butter auf der Hautseite knusprig anbraten, wenden und auf der Innenseite kurz fertig braten (der Fisch soll innen saftig sein).

» Den weißen Spargel schälen und mit etwas Rohrzucker, Zitronensaft und der trockenen Semmel in leicht gesalzenem Wasser kurz aufkochen, vom Herd nehmen und im Spargelwasser für einige Minuten ziehen lassen (der Spargel sollte noch bissfest sein). Den grünen Spargel nur an der unteren Hälfte schälen. Beide Spargelsorten in ca. einen halben Zentimeter dicke, schräge Stücke schneiden.

» Den grünen Spargel in einer Pfanne mit Butter, Salz und Gemüsebrühe so lange dünsten, bis er die Konsistenz des weißen Spargels hat. Dann den weißen Spargel dazugeben und nochmals kurz erwärmen.

» Rotkleeblätter in kochendem, leicht gesalzenem Wasser blanchieren und mit kaltem Wasser abschrecken. Fein hacken und in den kochenden Fischfond rühren. Kurz vor dem Servieren mit dem Stabmixer schaumig aufschlagen.

» Spargelgemüse auf Tellern anrichten, Fischfilets darauflegen, mit der Rotkleesauce umgießen.

» Dazu schmecken Petersilienkartoffeln.

Mein Tipp
» Mit ein paar Kleeblüten verzieren. Sie können übrigens für die Sauce jedes beliebige Kraut (Wiesenkräuter, Bärlauch oder Basilikum) verwenden.

KH   E   F

neutral

ausgeglichen

Zweierlei von der Feige mit Johannisbeersauce

4 Personen
8 reife, frische Feigen
300 g schwarze Johannis-
beeren (einige Beeren zur
Garnierung zurückbehalten)
1 EL Honig
60 ml Cassis
(Johannisbeerlikör)
500 ml Rotwein
4 kleine Strudelteigblätter

334 kcal

» Die Beeren von den Rispen befreien und mit Honig, Cassis und Rotwein einige Minuten kochen, pürieren und durch ein feines Sieb streichen. Von
4 Feigen mit einem scharfen Messer die Haut abziehen. Die ungeschälten
Feigen in dünne Scheiben schneiden, in das noch warme Beerenmark einlegen und einige Stunden ziehen lassen.

» Je eine geschälte Feige in die Mitte des Strudelteiges setzen, den Teig über
der Feige zusammenziehen, so dass dabei 4 Säckchen entstehen. Die Säckchen auf ein mit Backpapier ausgelegtes Blech setzen, mit flüssiger Butter bestreichen und im Rohr bei 180 Grad 8–10 Minuten goldgelb backen.
Je ein Feigensäckchen auf einen Teller geben, mit den marinierten Feigen-
scheiben und der Beerensauce anrichten.

Mein Tipp
» Mit einer Kugel Eis und einer tiefgekühlten Johannisbeerenrispe servieren.

KH   E   F   A   neutral   ausgeglichen

Die Kunst des Trinkens

Wasser ist uns etwas so Geläufiges und über alle Maßen Vertrautes, dass wir nur zu leicht vergessen, wie wichtig es für unser (Über-)Leben ist und wie viele ungeklärte Geheimnisse es noch immer hütet. Dass unser Heimatplanet aus dem Weltraum blau-weiß erscheint und eigentlich ein Wasserplanet ist, haben wir durch die Bilder der Raumfahrt immerhin im Bewusstsein. Dass wir wesentlich aus Wasser bestehen, vergessen schon die meisten Menschen ständig und versäumen so, ausreichend zu trinken und die Wasservorräte des Körpers angemessen zu ergänzen. Im Mikrokosmos Körper und Makrokosmos Welt kümmern wir uns gleichermaßen zu wenig engagiert um die Wasserreservoire.

Das Wasser des Lebens

Nichts ist uns so nahe wie Wasser. Wenn wir das Gewebe eines Babys mit dem eines alten Menschen vergleichen, fällt zuerst auf, wie viel wasserreicher das des Babys ist. Das ist der Grund, weshalb es ungleich praller und vitaler wirkt.

So wie viele Menschen am Ende des Lebens das Wasser nicht mehr so einfach in ihrer Blase halten können, verlieren die Zellen auch ihrerseits, jede für sich, die Fähigkeit, ausreichend Wasser zu binden. Auf der symbolischen Ebene korrespondiert das mit der nachlassenden Fähigkeit, ausreichend Seelenenergie aufzunehmen und dem Seelischen zu seinem Recht zu verhelfen. Konkret sinkt der Zellinnendruck, was wir besonders an der Haut wahrnehmen. Insbesondere wenn man bedenkt, wie gern die meisten Menschen zeitlebens eine Haut wie ein Baby behalten würden, erscheint der heutige Wirbel um Mineralwässer in eigenartigem Licht. Wir brauchen viel gutes Wasser, aber ausgerechnet die Mineralien brauchen wir nicht aus ihm und können sie sogar auf diesem Weg am wenigsten aufnehmen, weil sie im Wasser in anorganischer Form vorliegen und wir sie organisch gebunden bräuchten.

Auch beim Lebenselixier Wasser kümmern wir uns bisher fast nur um den quantitativen Aspekt und um die materielle, sprich mineralische Zusammensetzung. Auf den ersten Blick tut sich hier ein ziemlicher Unsinn auf. Der Mensch mineralisiert während seines ganzen Lebens ganz von selbst und von Geburt an, ein Prozess, den wir eigentlich nicht schätzen und im weiteren Sinne mit Altern assoziieren. Ob wir ihn auch noch mit stark mineralhaltigen Wassern unterstützen sollten, erscheint zumindest fraglich. In frühen Zeiten hatten die Menschen gar kein Mineralwasser in unserem Sinne, konnten sie doch noch keine Tiefenbrunnen bohren. Erst durch das langsame Sedimentieren in große Tiefen wird Oberflächenwasser zu Mineralwasser. Das Regen- und Quellwasser der frühen Zeiten hat unserer Evolution offenbar nicht geschadet.

Mineralwasser oder Leitungswasser?

Natürlich gibt es Menschen mit Mineralienmangel, aber das scheint nicht am Wasser zu liegen, sondern an einer Mangelernährung mit zu wenig frischer pflanzlicher Kost. Die Erfahrung zeigt, dass diejenigen, die sich mit reichlich frischem vitalem Gemüse und Obst ernähren und dazu noch mineralarmes, ja inzwischen auch schon oft mineralfreies Wasser trinken, durchaus gesund sind.

Auch der heute von der Medizin so sehr beklagte Mineralienmangel – in den Wechseljahren der Frauen für die Osteoporose verantwortlich – ist ein sehr relativer. In den Gefäßen ist reichlich Kalk eingelagert, er fehlt nur in den Knochen. Das aber hat ganz wesentlich mit der seelischen Dimension des Wechsels zu tun. Wer sich seelisch weigert, in der Umkehrzeit der Lebensmitte Ballast abzuwerfen, erlebt, wie der Körper einspringt. Dieser Mechanismus gilt generell und speziell für die Zeit der Menopause. Der Körper fängt an, stellvertretend Ballast abzuwerfen und tut dies am effektivsten durch die Entkalkung der Knochen. Wir haben also keinen Mineralienmangel, sondern eher eine Fehlverwertung auf Grund von Missverständnissen auf dem Lebensweg. Die praktischen Konsequenzen daraus sind einfach und billig: Das beste Trinkwasser kommt nicht aus den Flaschen der Industrie sondern aus den Leitungen zu Hause. Oft ist das Leitungswasser der Stadtwerke konkurrenzlos gut, weil relativ mineralarm und ansonsten Grundwasser. Besser, bequemer und billiger kann also eine fundierte Erkundung der Herkunft des eigenen Leitungswassers sein. Ist es – wie zum Beispiel meistens in den Alpenländern – von guter Qualität, sollte uns nichts und niemand hindern, davon reichlich zu uns zu nehmen. Die notwendigen Mineralien beziehen wir besser aus gutem Gemüse und Obst. Die Regenerationserfahrungen mit reichlich gutem Wasser, die ich in den letzten 20 Jahren bei ungezählten Fastenseminaren machen durfte, sprechen eine deutliche Sprache.

Dass Heil- und Mineralwässer heilen ist weitgehend unbewiesen. Völlig unbestritten ist dagegen die Notwendigkeit des Wassers zur Lebenserhaltung, denn viel schneller, als sie verhungern, verdursten Mensch und Tier. Die Heilkraft der verschiedenen Wässer wird bis heute vor allem außerhalb der Universitäten beurteilt und zumeist mit okkulten oder jedenfalls nicht objektivierbaren Methoden. Die Hypothesen für die wunderbaren Eigenschaften der Wässer sind dabei sehr unterschiedlich und reichen von im Ansatz naturwissenschaftlich wenigstens nachvollziehbaren Erklärungsmodellen bis zu solchen aus ganz anderen Sphären.

Wasser als Geschenk

Als Wasserwesen sind wir bis heute auch auf Wasser als flüssige Nahrung mehr angewiesen als auf feste Stoffe. Im Wasser, unserer ursprünglichen Heimat, die mit der Fruchtblase genauso rund ist wie die Erde, wächst unser Körper heran. In diesem frühen Wasserleben werden die entscheidenden Weichen gestellt in Bezug auf das körperliche Wachstum, aber auch im Hinblick auf unsere seelische Entwicklung. Denn in den ersten Wochen und Monaten der Schwangerschaft bildet sich das Urvertrauen, auf das wir später so sehr angewiesen sind. Unser Selbstvertrauen baut sich auf diesem Fundament aus Urvertrauen auf.

Von den seelischen Möglichkeiten, Urvertrauen aufzutanken, bis zu den eher geläufigen täglichen Erfahrungen des Trinkens ist die Spannbreite der Geschenke, die Wasser für uns bereithält, enorm. Selbst in so einfachen alltäglichen Dingen wie dem Trinken liegen nach meinen ärztlichen Erfahrungen viel größere Chancen als viele heute noch ahnen. Allein durch ausreichendes Trinken könnten wir so vieles bessern. Würden wir dann noch einfaches mineralarmes (Leitungs-)Wasser bevorzugen, erhöht sich unsere Chance auf Gesundheit noch einmal. Wenn wir die Gifte herausfiltern, ist ein weiterer Schritt zur Gesundung möglich. Schließlich könnten wir mit einigem Gewinn für unsere Gesundheit auf den Spuren fast vergessener Wasserpäpste wandeln, die ihrer Zeit weit voraus, sich um die Qualität des Wassers schon auf Ebenen gekümmert haben, die uns heute noch als okkult erscheinen. Tatsächlich ist es möglich, das Energieniveau des Wassers zu erhöhen. Auch wenn wir naturwissenschaftlich noch nicht annähernd verstehen, wie das geschieht, sind die Ergebnisse spürbar und vor allem schmeckbar. Mit vergleichsweise wenig Aufwand könnten wir unserer Gesundheit und unseren Geschmacksorganen mit ausreichendem Trinken guten Wassers eine große Freude machen. So kann man Wasser zelebrieren und mit besonderen Schwingungen versehen, kann ihm Bedeutung beimessen und durch kleine Zutaten wie etwa Ingwer seinen Charakter verändern und besondere Wirkungen hervorrufen, sodass sich ein fließender Übergang zur Medizin ergibt, wenn wir etwa an Bachblüten oder Homöopathika denken.

Getränke – Variationen von Wasser

Wasser sei das Getränk der Weltmeister, sagt Baldur Preiml, der legendäre Skitrainer, der den österreichischen Adlern Flügel verlieh. Er muss es wissen, hat er doch mehr als einem Skispringer zu Weltmeisterehren verholfen. In einer Zeit, wo Wasser langsam den ihm wirklich zustehenden Status zurückerobert, ist es hilfreich, sich auch jene anderen Getränke genauer zu betrachten, die ihm jahrzehntelang den Rang abgelaufen hatten.

Alle Getränke bestehen letztendlich vor allem aus Wasser, allerdings können die Zutaten und Beimengungen seinen Charakter grundlegend verändern. Aus konkurrenzlos gesundem und unverzichtbarem Wasser kann Zucker eine süße und nicht unbedenkliche Limonadenmischung machen, die nicht nur unseren Zähnen und Knochen schadet. Bei Kindern ist sie unter den verschiedensten Namen durchaus beliebter als pures Wasser. Sie vermittelt ihnen jene Süße des Lebens, die auf anderen Ebenen offenbar fehlt. Wenn ganze Nationen solchen Zuckerwasserorgien verfallen, spricht das Bände in Bezug auf die herrschenden Defizite und den Grad des erreichten Erwachsenseins.

Kaffee und Tee

In Form von Kaffee und dem sprichwörtlichen schwarzen Tee hat Wasser nicht nur dunkle Gestalt angenommen, es hat auch durchaus dunkle Wirkungen, die zwar medizinisch nicht immer zu empfehlen sind, aber großen Teilen der Bevölkerung vollkommen unverzichtbar erscheinen. Kaffee hat das größte Handelsvolumen aller Güter unter Einschluss von Erdöl, um das Ausmaß dieses Bedürfnisses einmal von ökonomischer Seite zu beleuchten. Ohne Kaffee würde kaum ein Tag so beginnen, wie Millionen Menschen sich das vorstellen.

Natürlich haben Kaffee und Schwarztee im Übermaß negative Einflüsse auf das Herz-Kreislauf-System. In Maßen genossen werden sie jedoch zunehmend rehabilitiert und inzwischen sogar schon als eine Art Medizin gepriesen.

Kaffee ist tatsächlich ein gutes Antioxidans und ein bewährter Wachmacher, der zwar ein Erwachen im spirituellen Sinn nicht ersetzen kann, aber jedes Erwachen ist offenbar besser als einfach weiter das Leben zu verschlafen. Außerdem hat sich in entsprechenden Untersuchungen gezeigt, dass Kaffeetrinker länger im Leben aktiv bleiben, zum Beispiel in sexueller Hinsicht, weil sie einfach genussfähigere Menschen sind..

Saft ist nicht gesünder als Wasser

Saft ist letztlich immer Pflanzensaft, also Wasser, das die individuellen Stoffe einer bestimmten Pflanze beziehungsweise Frucht zu einem ganz speziellen und wegen seiner Süße wiederum besonders für Kinder verlockenden Getränk machen. Aber auch Saft ist – nach Brucker – zu konzentriert für unseren sensiblen Organismus. Insofern haben all diese angeblichen Verbesserungen der Getränkeindustrie eines gemeinsam: Sie müssen nachhaltig mit reinem Wasser verdünnt werden, jedes Glas Saft mit der doppelten Wassermenge, um so flüssigkeitsneutral auf den Körper zu wirken.

Vom Gesundheitsstandpunkt müssen alle so genannten Verbesserungen des Wassers also eher als Verschlechterungen angesehen werden. Je weniger wir dem Wasser beimengen, desto besser für unser Wohlergehen. Ganz entschieden gilt: weniger ist mehr. Andererseits erfüllen die Hinzufügungen offenbar spezielle Bedürfnisse und sind seit jeher beliebt. Die natürlichste Mischung ist sicher Milch, bei der zum Wasser Fett und Eiweiß hinzukommen und die in Form von Muttermilch das erste und entscheidende Getränk und Lebensmittel darstellt. Dass menschliche Muttermilch eine recht dünne Suspension von Fett und Protein ist, wird bei dem Versuch deutlich, ein Baby mit Kuhmilch aufzuziehen. Diese ist viel zu dick und gefährdet unverdünnt Babys Leben.

Die natürlichen Beimengungen wie Pflanzenstoffe, die Wasser zu Saft machen, mögen uns noch ähnlich harmlos erscheinen wie Milch. Allerdings ist nicht zu verkennen, dass auch Milch im Erwachsenenalter durchaus nicht unumstritten ist und keinesfalls kritiklos als gesund gelten kann. Als Getränk ist sie zunehmend unangemessen und sogar als Nahrungsmittel eher umstritten. Was für das Baby ideal ist, kann für Erwachsene durchaus unpassend sein.

Diese haben sich eigene Mischungen gebraut, die weit über die Natur hinaus in den Bereich der Kultur reichen und Kindern grundsätzlich vorenthalten werden. Die Kleinen bekommen Milch und süße Säfte – im Idealfall – noch direkt aus der Natur. Erwachsene veredelten die Säfte und gewannen so Alkohol und damit berauschende Getränke. In Europa entwickelte sich diese Sitte vor allem in den Klöstern und so sollte von Anfang an Gottes Segen auf ihr ruhen. Im Jahre 1054 wurde die erste deutsche Klosterbrauerei in Freising in Oberbayern gegründet. Der Weinbau existierte da schon seit Jahrtausenden, was zeigt, welch lange Tradition diese Art von Kultur hat.

Erfrischendes und Bekömmliches

Apfel-Holunder-Schorle
Pro Person 50 ml naturtrüber Apfelsaft, 50 ml Holunderbeersaft und 2 EL frisch gepresster Limettensaft mit 150 ml Mineralwasser auffüllen und mit einer Limettenscheibe garnieren.

Vitaminpower als Muntermacher: Ananaskefir
Sie brauchen pro Person ¼ frische Ananas, 1 TL Bio-Zitronensaft, 2 TL Sanddornmark (Reformhaus) und 125 ml Kefir (1,5 % Fett). Ananas in Stücke schneiden, mit Zitronensaft und Sanddornmark im Mixer pürieren, den gekühlten Kefir dazugeben und kurz mitmixen. In ein Glas geben und mit Minze garnieren.

Artischockenaperitif
Pro Person 50 ml Artischockensaft, 100 ml frisch gepresster Orangensaft und 50 ml Aperol (oder alkoholfreier Bitter) mischen und etwa 20 Minuten vor der Mahlzeit trinken.

Schnapsideen

In Europa verhalfen die Mönche dem Alkohol zu seiner Entstehung. Der Franziskaner Ramòn Llull kam 1283 an die University von Montpellier. Hier traf er den großen Alchimisten und Arzt Arnaud de Villeneuve. Gemeinsam versuchten sie, zu den vier Elementen ein Fünftes zu schaffen. Aus der Vereinigung von Feuer und Wasser (Wein) erhielten sie Aqua ardens, gebranntes Wasser. Sie sahen darin die Grundlage für den „Stein der Weisen". Der Alkohol trat seinen Siegeszug als Medizin an. Paracelsus, der große Arzt des Mittelalters, gab dem gebrannten Wasser seinen für die Wissenschaft eindeutig arabischen Namen: Alkohol.

Liköre, mit wärmenden typischen Wintergewürzen angesetzt, verkürzen lange Winterabende und regen die Verdauungssäfte an. Die Gewürzmischungen können selbst hergestellt oder in der Apotheke bestellt werden.

Eierlikör von Tante Theres

500 ml Milch
250 ml Sahne
5 Eigelb
1 Päckchen Bourbonvanillezucker
und 250 g Staubzucker
250 ml 70%igen Alkohol

>> Milch und Sahne aufkochen und abkühlen lassen.

>> Eigelb mit Bourbonvanillezucker und Staubzucker ca. 20 Minuten lang schaumig rühren.

>> Dann mit der Milch in den Alkohol (aus der Apotheke) rühren, den Schaum abschöpfen und in Flaschen füllen.

Mein Tipp
>> Je länger der Likör steht, umso besser wird er.

Vanillelikör

5 Vanilleschoten
150 g weißer Kandiszucker
700 ml Birnentrester oder Obstler

>> Die Vanilleschoten mit einem scharfen Messer der Länge nach aufschlitzen. Kandiszucker im Birnentrester oder im Obstler auflösen. Alles zusammen in eine passende Flasche geben und etwa 14 Tage ziehen lassen. Jeden zweiten Tag kräftig schütteln. Durch Filterpapier abseihen, zurück in die Flasche geben und wieder verschließen. Kühl servieren.

Helgas Nussschnaps

500 g grüne Nüsse
1 ½ l Wasser
Saft von ½ Bio-Zitrone
750 g Kristallzucker
500 ml reiner Weingeist
(aus der Apotheke)

» Die grünen Walnüsse grob zerschneiden und mit dem Wasser und dem Zitronensaft zugedeckt

» langsam kochen, bis die Nüsse weich sind.

» Die Flüssigkeit durch ein Sieb über den Zucker gießen und aufkochen lassen, dabei den Schaum abschöpfen.

» In die heiße Zuckerlösung gießt man den Weingeist und lässt sie zugedeckt erkalten.

» Den Schnaps durch ein Tuch filtern und in Flaschen füllen.

Mein Tipp
» Nach einem schweren Essen wirkt dieser Schnaps Wunder!

Winterkräuterlikör

1 TL Fenchelsamen
1 TL Anissamen
1 TL Wacholderbeeren
1 TL Koriander
5 Gewürznelken
1 Zimtstange
½ TL Kümmel
180 g Kandiszucker
700 ml Kornbranntwein (40 %)

» Alle Zutaten in eine passende Flasche füllen. Gut verschließen und etwa 7 Wochen an die Sonne stellen. Während dieser Zeit öfter schütteln. Durch Filterpapier abseihen, zurück in die Flasche geben und wieder verschließen. Kühl servieren.

Zu guter Letzt

Wir haben unsere Welt – getreu der Darwin'schen Lehre – auf Gegensätze und Konfrontation aufgebaut. Da stand nun so lange die gute Küche recht unversöhnlich der gesunden gegenüber. Wir hoffen, Ihnen auf den vorangegangenen Seiten gezeigt zu haben, wie gut die beiden in Wirklichkeit zusammenpassen und sich ergänzen können.

Als die Evolutionstheorie geboren wurde, hatte sie eine Vorläuferin, die auf den französischen Forscher Lamarck zurückging und 40 Jahre älter war als die Darwin'sche Lehre vom Kampf der Arten untereinander und ums Überleben. Lamarck beschrieb Kooperation und die Tendenz zu Synergien in der Schöpfung als zweiten Aspekt neben dem Gesetz der Stärke und des Kampfes. Leider wurde die Lehre des Franzosen von den damaligen Wissenschaftlern verworfen und man übernahm die Darwin'sche Anschauung wohl vor allem, weil sie so viel besser in die patriarchalen kämpferischen Muster der damaligen Zeit passte. Inzwischen aber muss Lamarck rehabilitiert werden, seine Anschauungen werden immer öfter von Studien bestätigt.

So werden wir hoffentlich langsam reif, in vielen Bereichen unseres Lebensumfeldes die Gegensätze zu überwinden und Zusammenarbeit und die Schaffung von Synergien zu schätzen und sie zur zweiten Basis unseres Lebens zu machen. „Konfrontationen durch Synergien ersetzen", könnte überhaupt das umfassende Rezept für die Zukunft der Menschheit auf diesem arg geschundenen Planeten lauten.

Die Gegensätze zwischen wohlschmeckend fein und gesund sind jedenfalls längst überholt und zur Überwindung freigegeben, und das ginge mit so viel gutem Geschmack und voller Lebensfreude. Wenn etwas gut schmeckt und man weiß obendrein, dass es gesund ist und entsprechend bekömmlich, weil es auch zum eigenen Typ passt und dazu beiträgt, Disharmonien in der eigenen Konstitution auszugleichen, wird die Freude beim Genießen noch zunehmen. Wer erlebt, wie genussvolle Gerichte das Denken fördern und die Stimmung heben, kann sie bestimmt noch mehr genießen.

In diesem Sinne wünschen wir Ihnen guten Appetit und freuen uns, Ihnen bei geschmackvollen Mahlzeiten voller Ruhe und Genuss – gedanklich – zu begegnen!

Literatur von Ruediger Dahlke (www.dahlke.at)

- Der Körper als Spiegel der Seele
- Das große Buch der ganzheitlichen Therapien
- Wage Dein Leben jetzt!
- Das große Buch vom Fasten
- Richtig essen (zusammen mit Dorothea Neumayr)
- Krankheit als Symbol – Handbuch der Psychosomatik
- Das große Buch der ganzheitlichen Therapien
- Depression – Wege aus der dunklen Nacht der Seele
- Schlaf – die bessere Hälfte des Lebens
- Worte der Heilung
- Das Gesundheitsprogramm
- Fasten Sie sich gesund
- Von der Weisheit des Körpers
- Aggression als Chance
- Krankheit als Sprache der Seele
- Lebenskrisen als Entwicklungs- chancen
- Mandalas der Welt
- Arbeitsbuch zur Mandala-Therapie
- Bewusst Fasten
- Die Leichtigkeit des Schwebens
- Entschlacken-Entgiften-Entspannen (Natürliche Wege zur Reinigung)
- Frauen-Heil-Kunde mit Margit Dahlke und Prof. Dr. Volker Zahn
- Gewichtsprobleme
- Der Weg ins Leben mit Margit Dahlke und Prof. Dr. Volker Zahn
- Verdauungsprobleme mit Dr. Robert Hößl

- Herz(ens)probleme
- Die Psychologie des blauen Dunstes mit Margit Dahlke
- Reisen nach Innen
- Die wunderbare Heilkraft des Atmens mit Andreas Neumann
- Das Senkrechte Weltbild mit Nikolaus Klein
- Krankheit als Weg mit Thorwald Dethlefsen
- Habakuck und Hibbelig
- Woran krankt die Welt? Moderne My- then gefährden unsere Zukunft
- Meditationsführer mit Margit Dahlke
- Säulen der Gesundheit mit Baldur Preiml und Franz Mühlbauer

CDs bei Goldmann Arkana und Integral-Verlag:
- Gesundheit allgemein
- Vom Stress zur Lebensfreude
- Depression
- Ärger und Wut
- Die Leichtigkeit des Schwebens
- Selbstheilung
- Erquickendes Abschalten – mittags und abends
- Tiefenentspannung
- Innerer Arzt
- Heilungsrituale
- Schwangerschaft und Geburt
- Entgiften-Entschlacken-Loslassen
- Den Tag beginnen
- Frauenprobleme
- Lebenskrisen als Entwicklungs- chancen

- Mein Idealgewicht

Einzelne Krankheitsbilder
- Schlaf – die bessere Hälfte des Lebens
- Hautprobleme
- Schlafprobleme
- Tinnitus und Gehörschäden
- Herzensprobleme
- Niedriger Blutdruck
- Rauchen
- Krebs
- Allergien
- Rückenprobleme
- Angstfrei leben
- Kopfschmerzen

Allgemeine Themen
- NEU: Schutzengel-Meditationen
- 7 Morgenmeditationen
- Selbstliebe
- Naturmeditation
- Partnerbeziehungen
- Mandala - Weg zur eigenen Mitte
- Elemente-Rituale
- Schattenarbeit

CDs mit Begleitbuch
- Mein Idealgewicht (3 CDs)
- Entgiften-Entschlacken-Loslassen
- Angstfrei leben
- Rauchen
- Tinnitus und Gehörschäden

Danksagung

Ich danke meiner Mutter, die uns vier Kinder immer gut und bewusst und so gesund und chemiefrei wie möglich ernährt hat.

Ruediger Dahlke

Meiner Mutter danke ich, dass sie mir den Sinn für gutes Essen und die Freude am Kochen geschenkt hat, und meinem Mann Claudius für seine liebevolle Unterstützung auf meinem Weg.

Dorothea Neumayr

Programmplanung: Dr. Elvira Weißmann-Orzlowski
Redaktion: Susanne Arnold
Nährwertanalyse, thermische und Säure/Basen-Aufschlüsselung:
Dipl. oec. troph. Susanne Miesera

Umschlaggestaltung: Cyclus · Visuelle Kommunikation, Stuttgart

Umschlagfoto vorn/hinten: Stockfood
Fotos im Innenteil: Fridhelm Volk, Stuttgart; Jean-Blaise Hall/Photo Alto
(S. 185, 187)

Bibliografische Information Der Deutschen Nationalbibliothek
Die Deutsche Nationalbibliothek verzeichnet diese Publikation in der Deutschen Nationalbibliografie;
detaillierte bibliografische Daten sind im Internet über http://dnb.d-nb.de abrufbar.

© 2007 Karl F. Haug Verlag in MVS
Medizinverlage Stuttgart GmbH & Co. KG
Oswald-Hesse-Straße 50, 70469 Stuttgart

Printed in Germany

Satz: Cyclus · Media Produktion, Stuttgart
Druck: Druckhaus Götz GmbH; 71636 Ludwigsburg

Gedruckt auf chlorfrei gebleichtem Papier

ISBN 978-3-8304-2243-3   2 3 4 5 6

Die Ratschläge und Empfehlungen dieses Buches wurden vom Autor und Verlag nach bestem Wissen und Gewissen erarbeitet und sorgfältig geprüft. Dennoch kann eine Garantie nicht übernommen werden. Eine Haftung des Autors, des Verlages oder seiner Beauftragten für Personen-, Sach- oder Vermögensschäden ist ausgeschlossen.
Geschützte Warennamen (Warenzeichen) werden nicht besonders kenntlich gemacht. Aus dem Fehlen eines solchen Hinweises kann also nicht geschlossen werden, dass es sich um einen freien Warennamen handelt. Das Werk, einschließlich aller seiner Teile, ist urheberrechtlich geschützt. Jede Verwertung außerhalb der engen Grenzen des Urheberrechtsgesetzes ist ohne Zustimmung des Verlages unzulässig und strafbar. Das gilt insbesondere für Vervielfältigungen, Übersetzungen, Mikroverfilmungen und die Einspeicherung und Verarbeitung in elektronischen Systemen.

Gesund mit der Natur
sanft, wirksam und ohne Nebenwirkungen

Aromatherapie: Mehr als nur Wohlgefühl

€ 24,95 [D] / € 25,70 [A] /
CHF 42,40
ISBN 978-3-8304-2182-5

Kneippen ist Wellness und voll im Trend

€ 17,95 [D] / € 18,50 [A] / CHF 31,40
ISBN 978-3-8304-2226-6

Lesen Sie, wie Bienenprodukte bei über 700 Krankheiten helfen!

€ 14,95 [D] / € 15,40[A] / CHF 26,20
ISBN 978-3-8304-2190-0

Nutzen Sie die heilsamen Kräfte des Weihrauchs für Ihre Gesundheit!

€ 17,95 [D] / € 18,50 [A] / CHF 31,40
ISBN 978-3-8304-2207-5

Mehr als nur Lifestyle: Die Pflanzen-Apotheke

€ 14,95 [D] / € 15,40[A] / CHF 26,20
ISBN 978-3-8304-2247-1

Weitere Bücher zum Thema:
www.haug-gesundheit.de

natürlich gesund
natürlich Haug

In Ihrer Buchhandlung